파이널 패스

핵심이론과 함께하는
100선

박문각 공인중개사
이혁 부동산세법

이 책의 차례

01

THEMA
37

02

실전문제

부 록

01

THEMA 37

조세총론

조세의 분류

1. 과세주체에 따른 분류

국 세	소득세, 종합부동산세, 상속세, 증여세, 농어촌특별세 등
지방세	취득세, 등록면허세, 재산세, 지방교육세, 지방소득세, 지방소비세, 지역자원시설세, 주민세, 자동차세, 담배소비세, 레저세

2. 목적세에 따른 분류

① 특정한 목적에 사용하기 위하여 징수하는 조세로서 다른 용도로 사용할 수 없다.

② 종 류

국 세	교육세, 농어촌특별세, 교통 에너지 환경세
지방세	지역자원시설세, 지방교육세

■ 지방교육세는 지방세 중 목적세이면서 부가세이다.

3. 과세표준에 따른 분류

종가세	① 과세표준이 금액(가액)으로 표시되는 것을 종가세라 한다. ② 세율은 금액이 아닌 %로 나타난다. ③ 소득세 · 법인세 · 취득세 · 재산세 등 대부분의 조세
종량세	① 과세표준이 수량이나 면적 등으로 표시되는 것을 종량세라 한다. ② 세율은 %가 아닌 금액으로 표시된다. ③ 등록면허세 중 일부, 인지세, 지역자원시설세

4. 세율에 따른 분류

① 과세표준 크기 변화 유무에 따른 분류

구 분	취득세	등록면허세	재산세	종합부동산세	양도소득세
비례세율	○	○	○	법인(주택)	○
누진세율	×	×	○ (별도, 종합, 주택)	○	○

② 세율 표시 단위에 따른 분류

　　－ 정률세율(백분비, 천분비로 표시)

　　－ 정액세율(화폐단위로 표시)

③ 표준세율(지방세) : 통상 적용하는 세율로 가감 조정이 가능(50/100 범위)
　　㉠ 취득세(중과세율은 적용 안함)
　　㉡ 등록면허세(부동산등기에 한함)
　　㉢ 재산세(당해 연도에만 적용)

5. 부동산 활동에 따른 분류

취득 · 보유 단계만 공통	지방교육세
보유 · 양도 단계만 공통	지방소득세, 종합소득세
양도 · 취득 단계만 공통	인지세
취득 · 보유 · 양도 단계 공통	농어촌특별세, 부가가치세, 지방소비세

6. 부가세(지방교육세와 농어촌특별세가 부가세이다)에 따른 분류

본 세	부가세
취득세	농어촌특별세 10%(2%를 적용하여 산출한 세액) − 지방교육세 20%(표준세율 − 20/1,000 세율을 적용하여 산출한 세액)
등록면허세	지방교육세 20%
재산세	지방교육세 20%
종합부동산세	농어촌특별세 20%
양도소득세	농어촌특별세(감면세액) 20%

테마 2 조세의 정의

1. 물납(재산세, 상속세)

세 목	물납요건	물납대상	분납요건	분납기간
재산세	1,000만원 초과시	관할구역 내 부동산	250만원 초과시	3개월 이내
종합부동산세	폐지	−	250만원 초과시	6개월 이내
양도소득세	폐지	−	1,000만원 초과시	2개월 이내

2. 분할납부

구 분		물 납	분할납부세액
지방세	취득세	×	—
	등록면허세	×	—
	재산세	○	500만원 이하 : 250만원 초과 금액
			500만원 초과 : 50/100 이하 금액
국세	종합부동산세	×	500만원 이하 : 250만원 초과 금액
			500만원 초과 : 50/100 이하 금액
	양도소득세	×	2,000만원 이하 : 1,000만원 초과 금액
			2,000만원 초과 : 50/100 이하 금액

구 분	신 청	허가여부
물 납	납부기한 10일 전까지	○
분할납부	납부기한까지	×

3. 면세점 등

① 면세점 : 취득세(취득가액 50만원 이하)

　■ 취득세액 ×, 산출세액 ×

② 최저세액

　등록면허세(부동산등기 : 납부세액이 6,000원 미만시 6,000원을 그 세액으로 한다)

　■ 6,000원 미만이면 징수하지 아니한다. (×)

③ 소액징수면제 : 2,000원 미만시 징수하지 않는다.

　재산세

　■ 2,000원인 경우 징수하지 않는다. (×)

4. 가산세(가산세가 부과되는 경우 보통징수한다)

가산세라 함은 세법에 규정하는 의무의 성실한 이행을 확보하기 위하여 그 세법에 의하여 산출한 세액에 가산하여 징수하는 금액을 말한다.

구 분	종 류		가산세율
일반 공통	과소신고가산세	일반과소신고	10%
		부정과소신고	40%
	무신고가산세	일반 무신고	20%
		부정 무신고	40%
	납부지연가산세(지방세 : 75/100 한도)		미납일수 × 1일 22/100,000

구 분	지방세	국 세
보통징수	납세고지 후 납부지연가산세	
	① 납부지연가산세 : 3%	① 납부지연가산세 : 3%
	② 1개월 66/10,000(0.66%)	② 1일 22/100,000(0.022%)
	③ 60개월 초과할 수 없다.	③ 5년을 초과할 수 없다.
	④ 45만원 미만은 적용 안함	④ 150만원 미만은 적용 안함

① 등록면허세(등록면허세의 경우에만 적용)

신고기한 내 신고를 하지 아니한 경우에도 등록하기 전까지 납부하였을 때에는 신고하고 납부한 것으로 보아 무신고가산세를 부과하지 아니한다.

② 종합부동산세 : 무신고가산세는 부과되지 않지만 과소신고가산세는 부과될 수 있다.

③ 양도소득세

　㉠ 예정신고를 불이행한 경우에도 가산세를 부과한다.

　㉡ 예정신고납부와 관련하여 가산세가 부과되는 경우에는 확정신고와 관련한 가산세를 부과하지 아니한다.

　㉢ 예정신고를 하지 아니하였으나 확정신고를 한 경우에는 예정신고와 관련한 가산세 50/100을 경감한다.

　㉣ 예정신고납부를 하는 경우 수시부과세액이 있을 때에는 이를 예정신고 산출세액에서 공제하여 납부한다.

5. 중가산세 : 산출세액의 80/100

중가산세는 취득세에만 적용한다. ⇨ 징수방법(보통징수)

▤ 단, 등기대상이 아닌 경우(골프 회원권 등은 제외)와 지목변경 등 간주취득의 경우 중가산세를 적용하지 아니한다.

6. 납세자 : 납세의무자 + 징수(원천징수 / 특별징수)의무자

납세의무자 : 본래, 연대, 2차, 납세보증인

▤ 납세의무자에 징수의무자를 포함한다. (×)

7. 부동산 관련 법정신고기한 및 납기

① 취득세 : 취득일로부터 60일 이내(상속 : 6개월 / 9개월, 증여 : 3개월)

② 등록면허세 : 등기 · 등록하기 전까지

③ 부가가치세 : 1기(7월 25일), 2기분(다음연도 1월 25일)

④ 종합부동산세 : 12월 1일 ~ 12월 15일(납부기한)

　▤ 단, 신고납부 선택시 : 12월 15일까지 신고

⑤ 양도소득세 : 확정신고기한 - 다음연도 5월 31일

8. 조세와 일반채권과의 관계

① 그 재산에 부과된 조세(피담보 채권에 우선하는 조세) : 상속세, 증여세, 종합부동산세, 재산세, (소방분에 대한)지역자원시설세, 자동차세, 지방교육세(재산세나 자동차세에 부가되는 경우에 한함)

② 「주택임대차보호법」에 따라 대항요건과 확정일자를 갖춘 임대차보증금과 **주거용 건물**에 설정된 전세권의 확정일자 또는 설정일보다 종합부동산세, 상속세, 증여세, 재산세의 법정기일이 늦은 경우에는 임차보증금과 전세권에 의해 담보된 채권이 우선하여 변제될 수 있다.

9. 조세채권 사이의 우선 순위

담보된 조세 − 압류된 조세 − 교부청구된 조세

테마 3 | 조세의 성립 및 확정시기, 납세의무의 소멸

1. 국세의 납세의무 성립 · 확정시기

세 목		납세의무 성립시기	납세의무 확정시기
소득세	확정신고	과세기간이 끝나는 때	과세표준과 세액을 신고하는 때
	예정신고	과세표준되는 금액이 발생한 달의 말일	
종합부동산세		과세기준일	• 원칙 : 결정할 때 • 예외 : 신고하는 때
법인세		과세기간이 끝나는 때	과세표준과 세액을 신고하는 때
부가가치세		과세기간이 끝나는 때	과세표준과 세액을 신고하는 때
상속세		상속이 개시되는 때	과세권자가 결정하는 때
증여세		증여로 재산을 취득하는 때	과세권자가 결정하는 때
농어촌특별세		본세의 납세의무가 성립하는 때	본세의 납세의무가 확정된 때
중간예납하는 소득세		중간예납기간이 끝나는 때(6월 30일)	신고하는 때

2. 지방세의 납세의무 성립·확정시기

세 목	납세의무 성립시기	납세의무 확정시기
취득세	과세물건을 취득하는 때	과세표준과 세액을 신고하는 때
등록면허세	등기·등록을 하는 때	과세표준과 세액을 신고하는 때
재산세	과세기준일(6월 1일)	과세권자가 결정하는 때
(소방분) 지역자원시설세	과세기준일(6월 1일)	과세권자가 결정하는 때
지방소비세	부가가치세 납세의무가 성립하는 때	과세표준과 세액을 신고하는 때
지방교육세	본세의 납세의무가 성립하는 때	본세의 납세의무가 확정되는 때
(개인분·사업소) 주민세	과세기준일(7월 1일)	• 개인분: 결정할 때 • 사업소분: 신고할 때

① 인지세는 과세문서를 작성하는 때 납세의무가 성립과 동시에 확정된다.
② 상속세와 증여세는 과세권자가 결정하는 때 납세의무가 확정되는 조세이다(신고할 때 확정되는 조세: ×).
③ 수시부과에 의해 징수하는 조세: 수시부과 사유가 발생하는 때

3. 납세의무의 소멸

(1) 소멸사유

① 납부
② 충당
③ 부과취소
④ 부과권의 제척기간의 만료(부과권)
⑤ 징수권의 소멸시효 완성(징수권)
　　▤ 납세자의 사망, 부과철회, 법인합병, 결손처분 등은 소멸사유에 해당하지 아니한다.

▌징수권의 소멸시효

구 분		소멸시효
지방세	5천만원(가산세를 제외한 금액) 이상	10년
	5천만원(가산세를 제외한 금액) 미만	5년
국 세	5억원 이상	10년
	5억원 미만	5년

중단 또는 정지제도가 있다.

㉠ 소멸시효 중단: 새로運 시효가 진행된다.
⇨ 납세고지, 독촉, 최고, 교부청구, 압류
㉡ 소멸시효 **정지**: 정지기간이 끝난 날부터 남은 시효가 진행된다.
⇨ 분납**기간**, 징수유예**기간**, 연부연납**기간**, 사해행위취소의 소송진행**기간**, 채권자 대위 소송진행**기간**

■ 부과권의 제척기간

구 분	지방세	국 세
사기 등	10년	10년
무신고	7년	7년
기타(재산세, 종합부동산세)	5년	5년

▤ 지방세 중 다음에 따른 취득으로서 법정신고기한까지 과세표준신고서를 제출하지 아니한 경우: 10년
1. 상속 또는 증여(부담부증여 포함)를 원인으로 취득하는 경우
2. 명의신탁약정으로 실권리자가 사실상 취득하는 경우
3. 타인명의로 주식을 취득하여 과점주주가 된 경우
4. 부담부증여로 취득하는 경우

(2) **지방자치단체 징수금 징수순서**
체납처분비 ⇨ 지방세 ⇨ 가산세

(3) **제척기간의 기산일**
① 신고납부조세(취득세, 등록면허세, 양도소득세): 신고기한의 다음 날
② 부과주의조세(재산세, 종합부동산세): 납세의무성립일(6월 1일)

(4) **법정기일**
① 신고납부조세(취득세, 등록면허세, 양도소득세): 신고일
② 부과주의조세(재산세, 종합부동산세): 납세고지서 발송일

취득세

테마 4 ▎ 취득세 특징

1. 특 징

① 지방세, 보통세, 도세(특별시, 광역시) : 시, 군, 구에 위임 징수

  ▣ 취득세의 과세권자는 시장·군수·구청장이다. (×)

② 유상·무상을 불문한 일체의 취득을 취득으로 본다.

③ 실질과세원칙(사실주의) : 등기·등록 여부와 관계없이 과세

④ 현황부과원칙 : 공부상의 용도와 관계없이 사실상의 용도에 따라 과세하는 것

▌ 취득의 유형 구분

구 분	승계취득	원시취득	의제취득
공유수면매립, 간척		○	
연부취득	○		
신축, 재축		○	
시효취득		○	
매매, 교환	○		
현물출자	○		
승계취득		○	
토지 지목변경			○
차량 등 종류변경			○
과점주주의 주식취득			○

▌ 취득세 과세대상

부동산	토지(승계, 원시, 간주취득 모두 과세한다)		
	건축물	건축법상 건축물	
		시설물	토지, 지하 또는 다른 구조물에 설치하는 시설물
			건축물에 부수되는 시설물
부동산에 준하는 것	차량, 기계장비, 항공기, 선박(원시취득은 과세하지 않는다)		
기타 권리	광업권, 어업권, 양식업권(출원은 면제), 입목		
	골프 회원권, 승마 회원권, 콘도미니엄 회원권, 종합체육시설이용 회원권, 요트 회원권		

▌ **과점주주**(비상장법인 주식 50% 초과)

> 1. 설립 당시 과점주주 : 과세 ×
> 2. 최초 과점주주 : 40% − 60% ⇨ 전체 과세(60%)
> 3. 재차 과점주주 : 60% − 40% − 70%
>   ⇨ 이전 과점주주 지분보다 증가분(10%)
> 4. 이미 과점주주 : 55% − 70% − 60% − 80%
>   ⇨ 이전 최고지분보다 증가한 경우 증가분(10%) 과세
> 5. 다른 주주로부터 주식을 취득하거나 증자로 지분이 증가(감자로 인한 경우는 제외)
> 6. 해당 법인의 신탁재산이 있는 경우 신탁재산도 취득으로 간주
> 7. 과점주주 집단내부 및 특수관계자 간의 주식거래가 발생하였으나 과점주주 총주식 비율에 변동이 없는 경우 납세의무가 없다.

☞ 차량·기계장비·항공기 및 주문에 의하여 건조하는 선박은 원시취득에 한하여 납세의무가 있다. (×)

☞ 「민법」 등 관계 법령에 따른 등기를 하지 아니한 부동산의 취득은 사실상 취득하더라도 취득한 것으로 볼 수 없다. (×)

☞ 개인 간에 부동산을 교환하는 경우에는 취득세를 과세하지 아니한다. (×)

☞ 토지·건축물의 경우 승계취득의 경우 과세하고 원시취득의 경우에는 과세하지 아니한다. (×)

테마 5 ▎ 납세의무자

1. **원칙** : 등기·등록에 관계없이 사실상 취득한 자 ⇨ 실질과세 원칙(공부상 취득자도 납세의무가 있다)

   ① 등록면허세 : 외형적으로 정당한 절차에 의하여 등기·등록을 한 형식적인 요건만 갖추면 등록면허세가 부과되는 형식주의 조세

   ② 재산세 : 과세대상 물건이 공부상 등재 현황과 사실상의 현황이 다른 경우에는 사실상 현황에 따라 재산세를 부과한다.

   ③ 양도소득세

   　㉠ 부부가 이혼한 경우에는 각각 다른 세대를 구성한다. 다만, 법률상 이혼을 하였으나 생계를 같이 하는 등 사실상 이혼한 것으로 보기 어려운 경우에는 동일한 세대로 본다.

   　㉡ 주택이란 공부상 용도구분에 관계없이 사실상 주거용으로 사용하는 건물을 말한다.

   　㉢ 소유하고 있던 공부상 주택인 1세대 1주택을 거주용이 아닌 영업용 건물(점포·사무소 등)로 사용하다가 양도하는 때에는 1세대 1주택으로 보지 아니한다.

2. 예 외

① 주체구조부 취득자(소유자)

    ☞ 건축물 중 조작설비로서 그 주체구조부와 하나가 되어 건축물로서의 효용가치를 이루고 있는 것에 대하여는 주체구조부 취득자 외의 자가 가설한 경우 그 가설한 자가 취득한 것으로 본다. (×)

② 직접사용하거나 대여 목적으로 외국에서 수입하는 경우: 수입하는 자

③ 상속받은 경우: 상속인(연대납세의무)

④ 주택조합이 조합원용 부동산의 취득시: 조합원

    ■ 조합원용 외 부동산: 조합

    ☞ 「주택법」에 따른 주택조합이 해당 조합원용으로 취득하는 조합주택용 부동산(조합원에게 귀속되지 아니하는 부동산은 제외)은 그 조합이 취득한 것으로 본다. (×)

⑤ 종류(지목) 변경시: 변경시점의 소유자

⑥ 도시개발법에 따른 도시개발사업(환지방식만 해당)의 시행으로 토지의 지목이 사실상 변경된 때에는 그 환지계획에 따라 공급되는 **환지는 조합원**이 **체비지 보류지**는 **사업시행자**가 각각 취득한 것으로 본다

⑦ 「도시개발법」에 따른 도시개발사업과 「도시 및 주거환경정비법」에 따른 정비사업의 시행으로 해당 사업의 대상이 되는 부동산의 소유자(상속인을 포함한다)가 환지계획 또는 관리처분계획에 따라 공급받거나 토지상환채권으로 상환받는 **건축물**은 그 소유자가 **원시취득**한 것으로 보며 **토지**의 경우에는 그 소유자가 **승계취득**한 것으로 본다. 이 경우 토지는 당초 소유한 토지 면적을 초과하는 경우로서 그 초과한 면적에 해당하는 부분에 한정하여 취득한 것으로 본다.

⑧ 시설대여업자

    ■ 등록명의자와 관계없이 시설대여업자가 납세의무자이다.

⑨ 배우자 등으로부터 취득 ⇨ 증여로 취득한 것으로 본다.

    단, 다음 경우 유상취득으로 본다(**파 경 대 교**).

    ㉠ 공매로 취득

    ㉡ 파산선고로 인한 취득

    ㉢ 등기 대상을 교환

    ㉣ 대가를 지급한 사실을 증명한 경우

    ☞ 파산선고로 인하여 처분되는 배우자 또는 직계존비속의 부동산 등을 취득하는 경우에는 유상으로 취득한 것으로 본다. (○)

    ☞ 직계비속이 권리의 이전에 등기가 필요한 직계존속의 부동산을 서로 교환한 경우 무상으로 취득한 것으로 본다. (×)

⑩ 부담부증여

    ㉠ 채무액에 상당하는 부분: 유상취득으로 본다.

    ㉡ 채무 이외 부분: 증여로 취득한 것으로 본다.

구 분			유 형
일반적인 경우	채무액		유상
	채무 외		증여
배우자 또는 직계존비속	채 무	원 칙	증여
		입증되는 경우(파 경 대 교) ㉠ 공매(경매) ㉡ 파산선고 ㉢ 교환 ㉣ 대가지급: 소득, 재산 처분·담보, 상속·증여	유상
	채무 외		증여

☞ 증여자의 채무를 인수하는 부담부증여의 경우에 그 채무액에 상당하는 부분은 부동산을 유상 취득한 것으로 보지 아니한다. (×)

⑪ 상속개시 후 재분할: 증여로 취득한 것으로 본다.

⑫ 신탁법에 따라 신탁재산의 위탁자 지위의 이전이 있는 경우 새로운 위탁자가 신탁재산을 취득한 것으로 본다.

⑬ 공간법상 지목이 대인 토지가 정원 및 부속시설물 부지로 사실상 변경되어 가액 증가시: 토지 소유자가 취득한 것으로 본다.

⑭ 건축물을 건축하면서 정원 및 부속시설물 등을 설치하는 경우: 건축물을 취득하는 자가 취득한 것으로 본다.

⑮ 甲 소유 미등기 건물에 대하여 乙이 채권확보를 위하여 법원의 판결에 의한 소유권 보존등기를 甲의 명의로 등기할 경우 취득세 납세의무는 甲에게 있다. 이 경우 채권자 대위권에 의한 등기신청을 하려는 채권자는 납세의무자를 대위하여 부동산의 취득에 대한 취득세를 신고·납부할 수 있다.

㉠ 이 경우 채권자대위자는 행정안전부령으로 정하는 바에 따라 납부확인서를 발급받을 수 있다.

㉡ 지방자치단체의 장은 대위자의 신고가 있는 경우 납세의무자에게 신고접수 사실을 즉시 통보하여야 한다.

테마 6 과세표준

1. 취득세 과세표준

(1) **원칙**: 취득세 과세표준은 취득당시가액으로 한다. 다만, 연부로 취득하는 경우 취득세 과세표준은 연부금액(매회 사실상 지급되는 금액을 말하며 취득금액에 포함되는 계약보증금을 포함한다)이다.

구 분	과 세 표 준
유상승계	① 사실상 취득가격 ② 특수관계인 간의 부당행위 : 시가인정액
무상승계	① 증여 : 시가인정액 　■ 단, 시가표준액 1억원 이하 : 시가인정액과 시가표준액 중 납세자가 선택 가능 ② 상속 : 시가표준액
원시취득	① 사실상 취득가격 ② 법인이 아닌 자가 건축하여 사실상 취득가격 확인 × : 시가표준액
지목변경	① 증가한 가액에 해당하는 사실상 취득가격 ② 확인 × : 지목변경 후 시가표준액에서 지목변경 전 시가표준액을 뺀 금액
부담부증여	① 채무액 : 유상취득 과세표준 적용 ② 채무액 이외 : 무상취득 과세표준 적용
대물변제	① 대물변제액 ② 대물변제액이 시가인정액보다 적은 경우에는 시가인정액
양도담보	① 양도담보에 따른 채무액 ② 채무액이 시가인정액보다 적은 경우에는 시가인정액
교 환	이전받는 부동산과 이전하는 부동산의 시가인정액 중 높은 금액

(2) **연부취득** : 취득가액이 50만원 초과(계약기간 2년 이상)

구 분	내 용
취득시기	사실상 연부금 지급일
과세표준	연부금액
면세점	연부금 총액

연부취득 중인 과세물건을 마지막 연부금 지급일 전에 계약을 해제한 경우 이미 납부한 취득세는 환급

2. 과세표준에 포함 여부

취득가격에 포함	취득가격에 포함하지 않는 경우
• 건설자금이자 : **법인** • 연체이자 할부이자 : **법인** • 중개보수 : **법인** • 채무인수액, 채권매각차손 • 취득에 필요한 용역대가로 지급한 용역비 수수료	• 부가가치세 • 광고선전비 • 할인액(할인받은 금액) • 전기 등의 이용에 따라 지급되는 비용

3. 부동산 등을 일괄 취득하는 경우

■ 안분 : 일괄 취득이나 걸쳐있는 경우 등
① 면적기준으로 안분 : 부속토지를 안분하는 경우
② 금액기준(공시가격) : 금액을 안분하는 경우
　　㉠ 기준시가(국세)
　　㉡ 시가표준액(지방세)

> 1. 취득세
>   ㉠ 부동산 등을 일괄 취득하여 각 과세물건의 취득가격이 구분되지 아니하는 경우 한꺼번에 취득한 **가격**을 과세물건별 **시가표준액** 비율로 나눈 금액을 각각의 취득가격으로 한다.
>   ㉡ 같은 취득 물건이 둘 이상의 시·군에 걸쳐 있는 경우 각 시·군에 납부할 취득세를 산출할 그 과세표준은 취득 당시의 **가액**을 취득물건의 소재지별 **시가표준액** 비율로 나누어 계산한다.
> 2. 등록면허세 : 같은 등록에 관계되는 재산이 2 이상의 지방자치단체에 걸쳐 소재하고 있어 등록면허세를 지방자치단체로 부과할 수 없을 때에는 **등록 관청소재지**를 납세지로 한다.
> 3. 재산세
>   ㉠ 주택과 건물의 부속토지 소유자가 다른 경우에는 당해 주택에 대한 **산출세액**을 건축물과 그 부속토지의 **시가표준액** 비율로 안분 계산한 부분에 대하여 그 소유자를 납세의무자로 본다.
>   ㉡ 「건축법 시행령」에 따른 다가구주택은 1가구가 독립하여 구분사용 할 수 있도록 분리된 부분은 1구의 주택으로 보며, 이 경우 그 **부속토지**는 건물**면적의 비율**에 따라 각각 나눈 면적을 1구의 부속토지로 본다.

☞ 취득세의 과세표준은 취득 당시의 가액으로 한다. 다만, 연부로 취득하는 경우의 과세표준은 매회 사실상 지급되는 금액을 말하며, 취득금액에 포함되는 계약보증금을 포함한다. (○)

☞ 부동산의 건설자금에 충당한 차입금의 이자는 개인과 법인에 관계없이 취득과 관련된 비용으로 취득가격에 포함한다. (×)

☞ 법인이 연부로 취득하는 경우 연부계약에 따른 이자상당액은 취득과 관련된 비용으로 취득가격에 포함한다. (○)

☞ 취득대금을 일시급 등으로 지불하여 일정액을 할인받은 경우에는 그 할인받은 금액을 취득가액으로 한다. (×)

4. 비과세

구 분		과 세	비과세
국가 등의 취득	원 칙		○
	대한민국 정부기관의 취득에 과세하는 외국정부	○	
국가 등에 귀속또는 기부채납	타인에게 매각·증여 등	○	
	무상사용권을 제공받는 경우 등	○	
「신탁법」에 따른 신탁	위탁자로부터 수탁자에게 이전		○
	신탁의 종료로 수탁자로부터 위탁자에게 이전		○
	수탁자가 변경되어 신수탁자에게 이전		○
	주택조합 등과 조합원 간의 부동산 취득 등	○	
법률상 환매권 행사	「징발재산정리에 관한 특별조치법」 또는 「국가보위에 관한 특별조치법 폐지법률」에 따른 환매권의 행사(개인 간 환매등기는 과세)		○
임시 건축물	존속기간 1년 초과(중과기준세율 적용)	○	
	존속기간 1년 이하 / 사치성재산	○	
	존속기간 1년 이하 / 사치성재산이 아닌 경우		○
공동주택의 개수	시가표준액 9억원 초과	○	
	시가표준액 9억원 이하 / 대수선	○	
	시가표준액 9억원 이하 / 대수선이 아닌 경우		○
차량의 상속	천재지변·화재·교통사고·폐차·차령 초과 등		○

📑 신탁재산

> 1. 취득세
>   ① 비과세(「신탁법」상 신탁은 비과세 / 명의신탁은 비과세를 적용하지 않는다)
>   ② 「신탁법」에 따라 신탁재산의 위탁자의 지위 이전이 있는 경우에는 새로운 위탁자가 해당 신탁재산을 취득한 것으로 본다.
> 2. 재산세
>   ① 납세의무자 : 위탁자(종합부동산세 납세의무자도 동일)
>   ② 신탁재산의 위탁자가 재산세 등을 체납한 경우로서 그 위탁자의 다른 재산에 대하여 체납처분을 하여도 징수할 금액에 미치지 못할 때에는 해당 신탁재산의 수탁자는 그 신탁재산으로서 위탁자의 재산세 등을 납부할 의무가 있다.
> 3. 양도소득세
>   ① 「신탁법」상 신탁은 양도로 보지 아니한다(취득세는 비과세).
>   ② 명의신탁의 경우도 양도로 보지 아니한다(취득세는 과세).

☞ 대한민국 정부에 대해 비과세하는 외국정부의 취득에 대해서는 비과세한다. (○)

☞ 지방자치단체에 기부채납을 조건으로 부동산을 취득하는 경우라도 그 반대급부로 기부
채납 대상물의 무상사용권을 제공받는 경우에도 그 해당 부분에 대해서는 취득세를 부과
한다. (○)

☞ 법령이 정하는 고급오락장에 해당하는 임시건축물의 취득에 대해서는 존속기간에 상관
없이 취득세를 부과하지 아니한다. (×)

☞ 건축법상 대수선으로 인해 공동주택을 취득한 경우에는 취득세를 부과하지 아니한다. (×)

5. 납세지

① 부동산: 부동산 소재지
② 납세지가 분명하지 아니한 경우: 해당취득 물건의 소재지

테마 7 세 율

1. 취득세 세율

(1) 표준세율

① 취득세의 세율구조는 취득물건의 가액 또는 용도 등의 성격에 따라 각각 다른 세율이
적용되는 차등비례세율로서 표준세율과 중과세율로 구분된다.

② 탄력세율: 도지사는 조례가 정하는 바에 의하여 취득세의 세율을 표준세율의 50% 범위
안에서 가감 조정할 수 있다(중과세율은 적용 ×).

③ 과세물건이 2 이상의 세율에 해당하는 경우 그중 높은 세율을 적용한다.

취득 원인	구 분	세 율	비 고
상속으로 인한 취득	농지	1,000분의 23	전·답·과수원 목장용지
	기타	1,000분의 28	농지 이외
증여 그 밖의 무상 취득	일반	1,000분의 35	–
	비영리 사업자	1,000분의 28	
원시취득(매립 간척)	–	1,000분의 28	면적증가
공유물 합유물 총유물 분할	–	1,000분의 23	–
그 밖의 원인으로 인한 취득 (매매 교환 공매 등)	농지	1,000분의 30	전·답·과수원 목장용지
	기타	1,000분의 40	농지 이외

▪ 법인 합병 또는 분할로 인하여 부동산을 유상으로 취득하는 경우 유상승계 취득세율을 적용
한다.

▤ 주택 유상거래(상속, 증여, 원시취득 등은 제외)
- 6억원 이하 : 10/1,000
- 6억원 초과 ~ 9억원 이하 : (취득당시가액 × 2/3억원 − 3) × 1/100
- 9억원 초과 : 30/1,000

구 분	세 율		비 고
	조정대상지역	조정대상지역 외	
1주택	1 ~ 3%		법인은 주택수와 무관하게 12%
2주택	8%	1 ~ 3%	
3주택	12%	8%	
4주택	−	12%	

▤ 8% : 「지방세법」 제11조 제1항 제7호 나목의 세율을 표준세율로 하여 해당 세율에 중과기준세율의 100분의 200을 합한 세율

▤ 12% : 「지방세법」 제11조 제1항 제7호 나목의 세율을 표준세율로 하여 해당 세율에 중과기준세율의 100분의 400을 합한 세율

▌세율 적용시 유의 사항

- 유상, 상속, 증여 등으로 취득한 부동산이 공유물인 때에는 그 **취득지분의 가액**을 과세표준으로 하여 각각의 세율을 적용한다.
- 건축(신축과 재축은 제외) 또는 개수로 인하여 건축물 **면적이 증가**한 경우에는 그 증가된 부분에 대하여 **원시취득**으로 보아 표준세율을 적용한다.
- 중과기준세율이란 20/1,000을 말한다.
- 주택을 신축 또는 증축한 이후 해당 주거용 건축물의 소유(배우자 및 직계존비속을 포함)가 해당 주택의 부속토지를 취득하는 경우에는 주택에 대한 세율을 적용하지 아니한다.
- 조정대상지역 내 2주택의 경우에도 일시적 2주택의 경우 1주택 세율을 적용한다(단, **3년** 이내 종전 주택을 처분하여야 한다).
- 주택수 판단시 분양권과 조합원입주권도 주택수에 포함한다.

☞ 동일한 취득 물건에 대하여 2 이상의 세율이 해당되는 경우 취득세 세율은 그중 낮은 세율을 적용한다. (×)

☞ 유상거래를 원인으로 취득당시의 가액이 6억원인 1주택의 경우에는 1,000분의 10(1%)의 세율을 적용한다. (○)

☞ 건축(신축·재축 제외)으로 인하여 건축물 면적이 증가할 때에는 그 증가된 부분에 대하여 원시취득으로 보아 해당 세율을 적용한다. (○)

☞ 부동산을 상호 교환하여 소유권이전 등기를 하는 것은 무상승계 취득에 해당하는 세율을 적용한다. (×)

☞ 농지 외 부동산을 매매로 취득하는 경우에는 1,000분의 30의 세율을 적용한다. (×)

분양권과 입주권 비교

구 분	주택여부	주택수포함	취득세	양도세	장기보유특별공제	양도소득기본공제
입주권	×	○	×	○	○	○
분양권	×	○	×	○	×	○

(2) **중과세율**(탄력세율을 적용할 수 없음)

사치성 재산 (골프장 · 고급오락장 · 선박 · 고급주택)	표준세율과 중과기준세율의 100분의 400을 합한 세율
과밀억제권역 내 공장의 신 · 증설	표준세율과 중과기준세율의 100분의 200을 합한 세율
과밀억제권역 내 법인의 본점용 부동산 취득 (신 · 증축)	표준세율과 중과기준세율의 100분의 200을 합한 세율
대도시내 내 법인의 설립 · 설치 · 전입에 따른 부동산 취득	표준세율의 100분의 300에서 중과기준세율의 100분의 200을 뺀 세율을 적용한다.
대도시 내 공장 신 · 증설	표준세율의 100분의 300에서 중과기준세율의 100분의 200을 뺀 세율을 적용한다.

① 사치성재산 ⇨ 표준세율과 중과기준세율의 100분의 400을 합한 세율 ⇨ 개인, 법인 모두 중과세 적용
  ㉠ 골프장 ⇨ 회원제 골프장을 신 · 증설시 중과세
    ▪ 승계취득시 중과세 제외
  ㉡ 고급오락장 ⇨ 카지노장, 무도장, 유흥주점 등의 건축물과 부수토지
  ㉢ 고급선박 ⇨ 시가표준 3억원을 초과하는 비업무용 및 자가용선박
  ㉣ 고급주택 ⇨ 취득일 60일 이내(상속은 상속개시일이 속한 달의 말일부터 6개월 이내 외국에 주소를 둔 경우 9개월) 주거이외 용도로 사용 또는 용도변경 등은 중과세 제외(고급오락장도 동일)

취득세 날짜 비교

10일	등기 · 등록관서의 장은 취득세가 납부되지 아니하였거나 납부부족액을 발견하였을 때에는 다음 달 10일까지 납세지 관할하는 시장, 군수에게 통보하여야 한다.
30일	국가 등이 취득세 과세물건을 매각한 경우 매각일로부터 30일 이내에 물건 소재지 관할 지방자치단체에게 통보하거나 신고하여야 한다.
60일	위 10일, 30일을 제외한 경우 모두 60일

▌고가주택과 고급주택

1. 고가주택(국세의 경우에만 적용)
   ① 양도소득세(**실지거래가액**이 12억원 초과)
      ㉠ 원칙적으로 비과세를 적용하지 않는다.
      ㉡ 장기보유특별 공제(최대 80%)
   ② 부동산임대소득(**기준시가** 12억원 초과 : 과세기간 개시일 또는 양도일 현재 기준)
      고가주택의 경우 비과세를 적용하지 아니한다.
2. 고급주택(지방세의 경우에만 적용)
   ① 고급주택(취득세 : 표준세율에 중과기준세율의 100분의 400을 합한 세율로 중과세)
   ② 재산세의 경우 고급주택은 중과세하지 않고 일반주택의 세율(누진세율)을 적용한다.
   ③ 고급주택 취득 후 60일 이내(상속은 예외) 고급주택이 아닌 용도로 사용하거나 용도
      변경공사 착공시 중과세를 적용하지 않는다.

② 표준세율에 중과기준세율의 100분의 200을 합한 세율 ⇨ 과밀억제권역 내
   ㉠ 공장 신·증설(토지, 건축물 및 5년 이내 취득하는 차량, 기계장비)
   ㉡ 본점 주사무소 사업용 부동산(신·증축) ⇨ 지점 / 분사무소 / 승계취득시 제외

▌특 례

(구) 취득세	(구) 등록세	(현) 취득세
비과세	비과세	비과세
과세	과세	표준세율
비과세	과세	표준세율 − 중과기준세율
과세	비과세	중과기준세율

③ 표준세율 − 중과기준세율 : 등기 ○

구 분		
환매등기를 병행하는 부동산의 매매로 환매기간 내에 매도자가 환매한 경우 매도자와 매수자의 취득		
상속취득으로 인한 취득	1가구 1주택의 취득	
	감면대상 농지의 취득	
공유물, 합유물 분할로 인한 취득		
건축물 이전으로 인한 취득	가액증가 없음	
민법상 재산 분할로 인한 취득		
법인 합병으로 인한 취득		

④ 중과기준세율(2%) : 등기 ✕

구 분	
개수로 인한 취득	면적증가 없음
의제취득	차량 등의 종류변경으로 가액 증가
	토지의 지목변경으로 가액 증가
	과점주주
외국인 소유물건 임차하여 수입(차량, 기계장비, 선박, 항공기만 해당)	
대여시설 이용자 명의대여	
무덤과 이에 접속된 토지	
임시사용건축물	1년 이하 : 비과세
	1년 초과 : 과세

🔳 개수의 경우
  1. 가액증가 : 간주취득(중과기준세율)
  2. 면적증가 : 원시취득(28/1,000)

🔳 중과세율 적용 범위
  1. 토지나 건축물 취득 후 5년 이내 중과세 대상이 된 경우
  2. 고급주택 등 건축물을 증축·개축·개수한 경우와 일반 건축물 증축 개축 개수로 고급주택·고급오락장이 된 경우 증가되는 건축물 가액에 대하여 중과세 적용
  3. 공장 신·증설의 경우 공장 소유자와 신·증설한 자가 서로 다른 경우 소유자에게 중과세

☞ 환매등기를 병행하는 부동산의 매매로서 환매기간 내에 매도자가 환매한 경우의 그 매도자와 매수자의 취득에 대한 취득세는 표준세율에 중과기준세율(100분의 200)을 합한 세율로 산출한 금액으로 한다. (✕)

☞ 존속기간이 1년을 초과하는 임시건축물의 경우 중과기준세율을 적용한다. (○)

☞ 상속으로 인한 취득 중 법령으로 정하는 1가구 1주택 및 그 부속토지의 취득은 형식상 취득으로서 표준세율에서 중과기준세율을 뺀 특례세율을 적용한다. (○)

☞ 「민법」에 따른 재산분할로 인한 취득은 형식상 취득으로서 표준세율에서 중과기준세율을 뺀 특례세율을 적용한다. (○)

테마 8 │ 취득시기

(1) **유상승계취득**

① 사실상 잔금지급일

② 신고인이 제출한 자료로 사실상 잔금지급일이 확인되지 않는 경우: 계약서상 잔금 지급일(불분명시: 계약일로부터 60일 경과된 날)

③ 취득일 전 등기·등록시: 등기 또는 등록일

(2) **연부취득**: 사실상의 연부금 지급일 ⇨ 등기시 일시취득한 것으로 본다

(3) **무상취득**: 계약일 ⇨ 불분명: 등기·등록일

① 증여: 계약일(양도소득세: 증여 받은 날)

② 단, 상속의 경우에는 상속개시일

> 1. 취득세의 취득시기: 계약일
> 2. 양도소득세 취득시기: 증여받은 날
> 3. 납세의무성립시기: 증여로 재산을 취득하는 때
> 4. 납세의무 확정시기: 정부가 결정하는 때

(4) **공유수면매립**: 공사준공인가일

(5) **건축**(허가 ○): 사용승인서를 내주는 날과 사실상 사용일 중 **빠른날**

환지(**준공검사**증명서를 내주는 날), **정비사업**(준공인**가**증을 내주는 날)과 사실상 사용일 중 **빠른 날**

(6) **토지의 지목변경**: 사실상 변경된 날과 공부상 변경된 날 중 빠른 날(지목변경 전 사실상 사용: 사실상 사용일)

☞ 토지의 지목변경에 따른 취득은 지목변경일 이전에 그 사용 여부와 관계없이 사실상 변경된 날과 공부상 변경된 날 중 **빠른 날**을 취득일로 본다. (×)

(7) **민법상 재산분할로 인한 취득**: 등기일

(8) **시효취득**: 등기일(양도세: 점유개시일)

▣ 유상승계취득과 무상승계 취득의 경우 **등기·등록을 하지 아니하고** 취득일로부터 60일(무상승계 취득은 취득일이 속한 달의 말일부터 3개월) 이내에 계약이 해제된 사실이 화해, 인낙, 취득일로부터 60일 이내 작성된 공정증서. 취득일로부터 60일 이내에 계약당사자가 작성한 계약해제신고서 등으로 입증되는 경우에는 취득한 것으로 보지 아니한다.

(9) **주택법**에 따른 주택조합이 주택건설사업을 하면서 조합원으로부터 취득하는 토지 중 조합원에게 귀속되지 아니하는 토지를 취득하는 경우: **사용검사**를 받은 날

(10) 주택재건축조합이 재건축사업을 하면서 조합원에게 귀속되지 아니하는 토지: 소유권이전고시일의 **다음 날**

테마 9 부과징수

1. 부과징수

(1) 도세징수 위임에 따라 물건소재지 관할 시, 군, 구에 신고하고 납부하여야 한다.

(2) 납세지

① 취득당시 물건 소재지 관할 특, 광, 도(납세지가 분명하지 아니한 경우 해당 취득물건의 소재지를 납세지로 한다)

㉠ 등록면허세 : 부동산 등기는 부동산 소재지이다. 이 경우 같은 등록에 관계되는 재산이 둘 이상의 지방자치단체에 걸쳐 있어 등록면허세를 지방자치단체별로 부과할 수 없을 때에는 등록관청 소재지를 납세지로 한다.

㉡ 재산세 : 부동산 소재지

㉢ 종합부동산세 : 소득세법 규정을 준용

㉣ 소득세

• 거주자의 소득세 납세지는 그 주소지로 한다. 다만, 주소지가 없는 경우에는 그 거소지로 한다.

• 비거주자의 소득세 납세지는 국내사업장의 소재지로 한다. 국내사업장이 없는 경우에는 국내원천소득이 발생하는 장소로 한다.

② 같은 취득 물건이 둘 이상의 지방자치단체에 걸쳐 있는 경우 소재지별 **시가표준액** 비율로 안분한다.

1) **신고납부**(가산세 부과시에는 보통징수)

구 분		신고납부기한
일반적인 취득		취득한 날로부터 60일 이내
증 여(부담부증여 포함)		취득일이 속한 **달의 말일**부터 **3개월** 이내
상 속	국내 주소	상속개시일이 속하는 **달의 말일**부터 **6개월** 이내
	국외 주소	상속개시일이 속하는 **달의 말일**부터 **9개월** 이내
허가 전에 대금을 완납		그 허가일이나 허가구역 지정 해제일 또는 축소일로부터 60일 이내
등기 · 등록을 하려는 경우		등기 · 등록신청서를 접수하는 날까지
추가 신고납부	비과세 감면 배제	그 사유발생일로부터 60일 이내
	취득 후 중과세	중과세 대상이 된 날로부터 60일 이내

① 과세물건 취득 후 중과세 대상이 되거나 비과세 또는 감면 적용 후 추징대상이 되는 경우 : 중과세 대상이 되거나 사유발생일로부터 이미 납부한 세액을 공제(가산세는 **제외**)한 산출세액을 60일 이내 신고 및 납부

☞ 취득세가 경감된 과세물건이 추징대상이 된 때에는 그 사유발생일부터 60일 이내에 그 산출세액에서 이미 납부한 세액(가산세 포함)을 공제한 세액을 신고 · 납부하여야 한다. (×)

☞ 상속으로 인하여 취득세 과세물건을 취득한 자는 상속개시일로부터 6개월(납세자가 외국에 주소를 둔 경우에는 9개월) 이내에 취득세를 신고·납부하여야 한다. (×)

② 「부동산등기법」 제28조에 따라 채권자대위권에 의한 등기신청을 하려는 채권자(이하 이 조 및 제30조에서 "채권자대위자"라 한다)는 납세의무자를 대위하여 부동산의 취득에 대한 취득세를 신고납부할 수 있다. 이 경우 채권자대위자는 행정안전부령으로 정하는 바에 따라 납부확인서를 발급받을 수 있다.

③ 기한 후 신고

ㄱ 무신고 가산세 경감(납부지연 가산세 ×)

ㄴ 신고만 하면 경감

ㄷ 과세표준과 세액을 결정하여 통지하기 전에 신고

ㄹ 신고하면 과세권자는 3개월 이내 결정하여 통지

ㅁ 1개월 이내 신고 : 50/100 경감

ⓐ 1개월 초과 ~ 3개월 이내 : 30/100 경감

ⓑ 3개월 초과 ~ 6개월 이내 : 20/100 경감

☞ 「지방세법」의 규정에 의하여 기한 후 신고를 한 경우, 납부지연가산세의 100분의 50을 경감한다. (×)

2) 가산세(보통징수)

① 신고불성실 가산세

ㄱ 무신고 : 20%

ㄴ 과소신고 : 10%

ㄷ 부정 무신고 : 40%

ㄹ 부정과소신고 : 40%

② 납부지연 가산세 : 1일 22/100,000(미납세액 또는 과소신고세액의 75/100를 한도)

③ 법인장부 작성과 보존 불이행 : 10/100

④ 시가인정액으로 신고한 후 지방자치단체의 장이 세액을 경정하기 전에 시가인정액을 수정신고한 경우에는 과소신고가산세를 부과하지 아니한다.

3) 중가산세 : 산출세액의 80%(보통징수)

① 취득세만 적용한다.

② 단, 다음의 경우 제외한다.

ㄱ 취득세 과세물건 중 등기 또는 등록을 필요로 하지 아니하는 과세물건(단, 골프 회원권, 콘도미니엄 회원권 및 종합체육시설이용 회원권 등은 제외)

ㄴ 지목변경, 차량, 건설기계 또는 선박의 종류변경 및 과점주주의 주식취득 등 취득으로 간주되는 과세물건

☞ 토지의 지목변경에 따라 사실상 그 가액이 증가된 경우, 그 지목변경일로부터 신고기한 이내에 취득세를 신고하지 않고 매각하더라도 취득세 중가산세 규정은 적용되지 아니한다. (○)

4) 부가세

① 취득세 납부세액(표준세율을 2% 적용한 세액) × 농어촌특별세 10%

② 취득세 감면세액 × 농어촌특별세 20%

③ 지방교육세: 표준세율에서 1천분의 20을 뺀 세율을 적용하여 산출한 금액의 100분의 20

5) 면세점(연부취득 : 연부금총액을 기준으로 판단)

> ① 취득가액[취득세액(×), 산출세액(×)]이 50만원 이하일 때에는 취득세를 부과하지 아니함
>
> ② 토지나 건축물을 취득한 자가 그 취득한 날부터 1년 이내에 그에 인접한 토지나 건축물을 취득한 경우에는 각각 그 전후의 취득에 관한 토지나 건축물의 취득을 1건의 토지 취득 또는 1구의 건축물 취득으로 보아 ①을 적용

☞ 취득가액이 100만원인 경우에는 취득세를 부과하지 아니한다. (×)

☞ 취득세액이 50만원인 경우에는 취득세를 부과하지 아니한다. (×)

등록면허세

1. 등록이란 재산권과 그 밖의 권리의 설정·변경·소멸에 관한 사항을 공부에 등기하거나 등록하는 것을 말한다. 다만, 취득을 원인으로 이루어지는 등기 또는 등록은 제외하되 다음의 하나에 해당하는 등기 또는 등록은 등록면허세를 과세한다.
   ① 광업권·어업권·양식업권의 취득에 따른 등록
   ② 외국인 소유의 취득세 과세대상 물건(차량·기계장비·선박·항공기만 해당)의 연부취득에 따른 등기 또는 등록
   ③ 취득세 부과제척기간이 경과한 후 해당 물건에 대한 등기 또는 등록
   ④ 취득세 면세점에 해당하는 물건의 등기 또는 등록

2. **납세의무자**
   재산권과 그 밖의 권리의 설정·변경 또는 소멸에 관한 사항을 공부에 등기하거나 등록하는 경우에 그 등록을 하는 자가 등록면허세를 납부할 의무를 진다.
   ① 저당권설정: 저당권자
   ② 지역권설정: 지역권자
   ③ 전세권설정: 전세권자
   ④ 지상권설정: 지상권자
   ⑤ 근저당권설정: 채권자인 금융기관
   ⑥ 근저당권말소: 채무자
   ⑦ 채권자대위등기
      ㉠ 甲 소유 미등기 건물에 대하여 乙이 채권확보를 위하여 대위권을 행사하여 甲 건물의 소유권보존등기를 한 경우 등록면허세 납세의무는 甲에게 있다.
      ㉡ 채권자 대위자는 납세의무자를 대위하여 부동산의 등기에 대한 등록면허세를 신고 납부할 수 있다. 이 경우 채권자대위자는 행정안전부령으로 정하는 바에 따라 납부확인서를 발급 받을 수 있다.

테마 10 / 과세표준

등록에 대한 등록면허세의 과세표준은 등록당시의 가액으로 한다. 다만, 취득을 원인으로 이루어지는 등록의 경우 취득당시가액으로 한다.

① 등록당시에 자산재평가 또는 감가상각 등의 사유로 가액이 달라진 경우에는 변경된 가액을 과세표준으로 한다.

② 취득세 부과 제척기간이 경과한 물건의 등기 또는 등록은 등기 · 등록당시가액과 취득당시 가액 중 높은 금액을 과세표준으로 한다.

1. 채권금액 : 저당권, 경매신청, 가압류, 가처분

채권금액으로 과세액을 정하는 경우에 일정한 채권금액이 없을 때에는 채권의 목적이 된 것의 가액 또는 처분의 제한의 목적이 된 금액을 그 채권금액으로 본다.

2. 건수(종량세) : 토지의 합필등기, 지목변경등기, 말소등기, 건축물의 구조변경등기 등

3. 기타등기

① 소유권, 지상권 설정등기 : 부동산가액

② 가등기 : 부동산가액 또는 채권금액

③ 전세권 설정등기 : 전세금액

④ 지역권 설정등기 : 요역지가액

⑤ 임차권 설정등기 : 월임대차금액

■ 등록 당시에 자산재평가 또는 감가상각 등의 사유로 그 가액이 달라진 경우에는 변경된 가액(등록일 현재 법인장부 또는 결산서 등으로 증명되는 가액을 말한다)을 과세표준으로 한다.

☞ 법인이 국가로부터 취득한 부동산은 등기 당시에 자산재평가의 사유로 가액이 증가한 것이 그 법인장부로 입증되더라도 재평가 전의 가액을 등록면허세 과세표준으로 한다. (×)

■ 무효 또는 취소로 등기, 등록이 말소되는 경우에도 이미 납부한 등록면허세는 과오납으로 환부할 수 없다.

테마 11 / 세 율

1. 등록면허세 세율(부동산등기)

(1) 일반세율

① 부동산등기의 세율

구 분		과세표준	세 율	비 고
보존등기		부동산가액	1,000분의 8	6,000원 미만인 경우에는 그 세액을 6,000원으로 한다.
이전 등기	상 속	부동산가액	1,000분의 8	
	증여 등 무상	부동산가액	1,000분의 15	
	유 상	부동산가액	1,000분의 20	
지역권설정 및 이전		요역지가액	1,000분의 2	
전세권설정 및 이전		전세금액	1,000분의 2	
임차권설정 및 이전		월임대차금액	1,000분의 2	
가압류, 가처분, 경매신청, 저당권		채권금액	1,000분의 2	
지상권		부동산가액	1,000분의 2	
가등기		부동산가액 또는 채권금액	1,000분의 2	
합필등기 · 지목변경 · 말소등기 · 건물구조변경		매 1건당	6,000원	—

② 대도시 내 법인등기 : 표준세율의 300/100(3배)

　단, 의료업, 할부금융업, 은행업 등은 중과 제외

③ **부동산등기**의 세율은 도지사가 조례로 정하는 바에 의하여 표준세율의 50% 범위 안에서 가감조정할 수 있다.

④ 최저세액 : 세액이 6,000원 미만인 때에는 6,000원을 그 세액으로 한다.

☞ 부동산등기에 대한 등록면허세로서 세액이 6천원 미만인 경우 해당 등록면허세를 징수하지 아니한다. (×)

테마 12 | **부과징수**

구 분		신고납부기한
일반적인 경우		등록을 하기 전까지
사후관리규정	중과세대상이 되었을 때	① 중과세대상이 된 날부터 60일 이내 ② 산출한 세액에서 이미 납부한 세액(가산세는 제외)을 공제한 금액
	부과대상 또는 추징대상이 되었을 때	① 그 사유 발생일부터 60일 이내 ② 산출한 세액에서 이미 납부한 세액(가산세는 제외)을 공제한 금액
신고의무를 다하지 아니한 경우에도 등록면허세 산출세액을 등록을 하기 전까지 납부하였을 때		신고를 하고 납부한 것으로 봄. 이 경우 신고불성실가산세를 부과하지 아니함(등록면허세만 적용, 취득세는 적용하지 않는다).
납세지		① 부동산 소재지 ② 같은 등록에 관계되는 재산이 둘 이상의 지방자치단체에 걸쳐 있어 등록면허세를 지방자치단체별로 부과할 수 없을 때: 등록관청 소재지 ③ 같은 채권 담보를 위하여 설정하는 둘 이상의 저당권을 등록하는 경우에는 이를 하나의 등기·등록으로 보아 그 등록에 관계되는 재산을 처음 등록하는 등록관청 소재지를 납세지로 한다. ④ 납세지가 분명하지 아니한 경우 등록관청 소재지
부가세		① 등록면허세 납부세액의 100분의 20에 해당하는 지방교육세 ② 등록면허세 감면세액의 100분의 20에 해당하는 농어촌특별세

☞ 등록을 하려는 자가 법정신고기한까지 등록면허세 산출세액을 신고하지 아니한 경우로서 등록을 하기 전까지 그 산출세액을 납부한 때에도 지방세기본법에 따른 무신고가산세가 부과된다. (×)

☞ 부동산 소재지와 부동산 소유자의 주소지가 서로 다른 경우 등록면허세 납세지는 소유자의 주소지로 한다. (×)

☞ 부동산등기에 대한 등록면허세의 납세지는 부동산 소재지이나 그 납세지가 분명하지 아니한 경우에는 등록관청 소재지로 한다. (○)

█ 취득세와 등록면허세 비교

구 분		취득세	등록면허세
과세주체		특별시, 광역시, 도세	도세 및 구세
납세의무성립시기		과세물건을 취득하는 때	등기 또는 등록을 하는 때
납세의무 확정시기	원 칙	신고하는 때	신고하는 때
	예외(신고 ×)	과세권자가 결정하는 때	과세권자가 결정하는 때
과세표준		취득당시가액	등기·등록당시가액
세 율		표준세율	표준세율
납세의무자		사실상 취득하는 자	등록을 하는 자(명의자)
신고납부기간		60일 이내(상속 : 6개월 / 9개월)	등기·등록하기 전까지
추가신고납부기간		60일 이내	60일 이내
중가산세		있음	없음
면세점		취득가액 50만원 이하	없음
최저세액		없음	6,000원 미만이면 6,000원
부가세		농어촌특별세, 지방교육세	지방교육세

■ 재산세 특징

> ① 지방세 중 보유세로 시·군·구세에 해당한다.
> ② 과세기준일에 납세의무가 성립하고 과세권자가 결정하는 때 납세의무가 확정된다.
> ③ 소액징수면제(2,000원 미만) 제도가 있다.
> ④ 물납(1,000만원 초과)과 분납(250만원 초과)이 가능하다.
> ⑤ 사실상 현황에 따라 부과한다.
> ⑥ 비례세율과 누진세율(주택, 별도합산, 종합합산) 구조로 되어 있다.
> ⑦ 개별과세와 합산과세(별도, 종합)를 한다.

테마 13 납세의무자

(1) 원 칙

　① 재산세 과세기준일(매년 6월 1일) 현재 재산세 과세대상 자산을 사실상 소유한 자. 다만,
　　공유재산에 대한 납세의무자는 지분권자(지분표시가 없는 경우 : 균등)이다.
　② 주택의 경우 건축물과 토지의 소유자가 다를 경우에는 **산출세액**을 건축물과 그 부속토
　　지의 **시가표준액**을 기준으로 안분하여 각각 그 소유자를 납세의무자로 한다.

(2) 예 외

구 분	내 용
공부상 소유자	• 소유권 변동시 신고하지 않아 사실상의 소유자를 알 수 없는 경우 • 사실상 종중재산으로 신고를 하지 않은 경우
주된 상속자	상속등기 이행하지 아니하고, 신고를 하지 않은 경우(주된 상속자란 지분이 가장 높은 자 / 가장 높은 자가 2인 이상인 경우 연장자를 말한다)
매수 계약자	국가 등과 연부계약 체결하고 무상으로 사용권을 부여받은 경우
위탁자	수탁자 명의의 신탁재산의 경우
사용자	소유권 **귀속**이 분명하지 않은 경우(사전에 통지하여야 한다)
사업 시행자	체비지 및 보류지의 경우
수입하는 자	외국인 소유의 항공기 또는 선박을 수입하는 경우

① 과세기준일 현재 양도·양수된 경우 양수인이 납세의무자이다.

② 국가 등이 선수금을 받아 조성하는 매매용 토지로서 사실상 조성이 완료된 토지의 사용권을 무상으로 부여 받은 경우 무상으로 사용권을 부여 받은 자

③ 채무자 회생 및 파산에 관한 법률에 따른 파산선고 이후 파산종결의 결정까지 파산재단에 속하는 재산이 경우: 공부상 소유지

☞ 주택의 건물과 부속토지의 소유자가 다를 경우 그 주택에 대한 산출세액을 건축물과 그 부속토지의 면적 비율로 안분계산한 부분에 대하여 그 소유자를 납세의무자로 본다. (×)

☞「신탁법」에 따라 수탁자 명의로 등기·등록된 신탁재산의 경우로서 위탁자별로 구분된 재산은 위탁자가 납세의무가 있다. (○)

☞ 국가가 선수금을 받아 조성하는 매매용 토지로서 사실상 조성이 완료된 토지의 사용권을 무상으로 받은 경우 그 사용권을 무상으로 받은 자가 납세의무자이다. (○)

☞ 5월 31일에 재산세 과세대상 재산의 매매잔금을 수령하고 소유권이전등기를 한 매도인은 재산세 납세의무가 없다. (○)

☞ 과세기준일 현재 소유권 변동으로 인해 사실상 소유자와 공부상 소유자가 달라진 경우 신고여부에 관계없이 사실상 소유자를 납세의무자로 한다. (×)

☞ 상속이 개시된 재산으로서 상속등기가 이행되지 아니하고 사실상의 소유자를 신고하지 아니하였을 때에는 공동상속인 각자가 받았거나 받을 재산에 따라 납부할 의무를 진다. (×)

☞ 소유권의 귀속이 분명하지 아니하여 사실상 소유자를 확인할 수 없는 경우에는 공부상 소유자를 납세의무자로 한다. (×)

⊟ 신탁재산의 세목별 과세

1. 취득세
   ① 비과세(신탁법상 신탁은 비과세 / 명의신탁은 비과세를 적용하지 않는다)
   ② 신탁법에 따라 신탁재산의 위탁자의 지위 이전이 있는 경우에는 새로운 위탁자가 해당 신탁재산을 취득한 것으로 본다.

2. 재산세
   ① 납세의무자 : 위탁자(종합부동산세 납세의무자도 동일)
   ② 신탁재산의 위탁자가 재산세 등을 체납한 경우로서 그 위탁자의 다른 재산에 대하여 체납처분을 하여도 징수할 금액에 미치지 못할 때에는 해당 신탁재산의 수탁자는 그 신탁재산으로서 위탁자의 재산세 등을 납부할 의무가 **있다.**

3. 양도소득세
   ① 신탁법상 신탁은 양도로 보지 아니한다(취득세는 비과세).
   ② 명의신탁의 경우도 양도로 보지 아니한다(취득세는 과세).

테마 14 / 과세대상

과세대상(물건별 과세. 단, 별도합산, 종합합산 대상 토지는 소유자별 합산과세한다)

■ 토지, 건축물, 주택, 선박, 항공기

사실상 현황과 공부상 현황이 다른 경우 ⇨ 사실상 현황에 의한다. 다만, 다음의 경우에는 공부상 등재현황에 따라 부과한다.

① 관계 법령에 따라 허가 등을 받아야 함에도 불구하고 허가 등을 받지 않고 재산세의 과세대상물건을 이용하는 경우로서 사실상 현황에 따라 재산세를 부과하면 오히려 재산세 부담이 낮아지는 경우

② 재산세 과세기준일 현재의 사용이 일시적으로 공부상 등재현황과 달리 사용하는 것으로 인정되는 경우

☞ 토지와 건축물의 범위에서 주택은 제외한다. (○)

☞ 재산세의 과세대상 물건이 공부상 등재 현황과 사실상의 현황이 다른 경우에는 공부상 등재 현황에 따라 재산세를 부과한다. (×)

(1) **주택**: 주거용 건물과 그 부속토지(토지와 건축물의 범위에 주택은 제외한다)

   ① 토지와 건축물 소유자가 다른 경우에도 **토지·건축물 가액을 합한** 과세표준에 세율을 적용한다.

   ② **동일 시·군** 내 2 이상의 주택을 소유한 경우 **주택별**로 각각의 과세표준에 세율을 적용한다.

   ③ **다가구주택**은 1세대가 독립하여 구분사용 할 수 있도록 **구획된 부분**을 1구의 주택으로 본다. 이 경우 부속토지는 건물면적 비율에 따라 각각 나눈 면적을 1구의 부속토지로 본다.

   ☞ 종합부동산세: 1주택으로 본다.

   ☞ 양도소득세: 하나의 매매단위로 양도하는 경우 전체를 하나의 주택으로 본다.

   ☞ 주거용 건물 임대업에서 다가구주택은 1개의 주택으로 보되, 구분 등기된 경우에는 각각을 1개의 주택으로 계산한다.

   ④ 겸용주택

   　　㉠ 1동의 건물 ⇨ 주거부분만 주택

   　　㉡ 1구의 건물 ⇨ 주거용이 50/100 이상이면 전부 주택

   　　■ 단, 허가를 받지 아니하거나 사용승인을 받지 아니하고 주거용으로 사용하는 면적이 전체 면적의 100분의 50 이상인 경우에는 그 건축물 전체를 주택으로 보지 아니하고 그 부속토지는 종합합산 대상 토지로 본다.

   　　■ 양도소득세(고가주택은 면적 무관하게 주택만 주택으로 본다)

   　　　• 주택 > 주택 이외: 전체 주택

   　　　• 주택 ≤ 주택 이외: 주택부분만 주택

(2) **건축물**(주거용 건축물 제외)

(3) **토 지**

(4) **선 박**

(5) **항공기**

토지 과세대상 구분

> 1. 기준면적 초과 : 종합
> 2. 나, 잡, 초, 2/100 미달, 무허가건축물 부속토지 : 종합
> 3. 염전, 여객자동차 및 물류터미널용토지, 종중소유 : 분리
> 4. 자동차운전학원용토지 : 별도
> 5. 고급오락장, 골프장 : 분리
> 6. 시지역 이상 주거지역 내 공장용지 : 별도
> 7. 골프장 스키장 등 원형이 보전되는 임야 : 별도
> 8. ~~~ 차고용 토지 : 별도

☞ 재산세 과세대상인 토지의 정의는 종합부동산세 과세대상 토지의 정의와 다르다. (×)

☞ 토지분 재산세는 지적공부에 등록되어 있지 않은 토지라도 과세대상으로 한다. (○)

☞ 회원제 골프장용 부동산 중 구분등록의 대상이 되는 토지는 분리과세대상이다. (○)

☞ 여객자동차터미널용 토지, 고급오락장용 토지는 재산세 별도합산대상 토지이다. (×)

☞ 건축법 등의 규정에 따라 허가 등을 받아야 할 건축물(공장용 제외)로서 허가 등을 받지 아니한 건축물의 부속토지는 종합합산과세대상이다. (○)

☞ 건축물(공장용 제외)의 시가표준액이 해당 부속토지 시가표준액의 100분의 2에 미달하는 건축물의 부속토지 중 그 건축물의 바닥면적을 제외한 부속토지는 종합합산 대상이다. (○)

☞ 재산세의 과세대상 물건이 공부상 등재현황과 사실상이 현황이 다른 경우에는 공부상 등재 현황에 따라 재산세를 부과한다. (×)

☞ 주택의 부속토지의 경계가 명백하지 아니한 경우 그 주택의 바닥면적의 10배에 해당하는 토지를 주택의 부속토지로 한다. (○)

테마 15 / 과세표준

1. 과세표준(개인·법인 동일)

토지: <u>시가표준액</u> × 공정시장가액비율(70%) 　　　↳ 개별공시지가
건축물: <u>시가표준액</u> × 공정시장가액비율(70%) 　　　　↳ 시장·군수·구청장이 결정한 가액
주택: <u>시가표준액</u> × 공정시장가액비율(60%. 단, 1주택의 경우 예외) 　　　↳ 개별주택가격 또는 공동주택가격 ■ 1세대 1주택 ① 3억원 이하: 43/100　② 3억원 초과 ~ 6억원 이하: 44/100　③ 6억원 초과: 45/100
선박: 시가표준액
항공기: 시가표준액

■ 공정시장가액비율
  ① 토지·건축물: 50/100~90/100
  ② 주택: 40/100~80/100(단, 1세대 1주택: 30/100~70/100)
■ 재산세 과세표준은 시가표준액에 공정시장가액비율을 곱한 금액으로 한다. (×)

2. 주택에 대한 과세표준 상한액

시가표준액에 공정시장가액비율을 곱하여 산정한 주택의 과세표준이 다음 계산식에 따른 과세표준 상한액보다 큰 경우에는 해당 주택의 과세표준은 과세표준 상한액으로 한다.
① 과세표준 상한액 = 대통령령으로 정하는 직전 연도 해당 주택의 과세표준 상당액 + (과세기준일 당시 시가표준액으로 산정한 과세표준 × 과세표준 상한율)
② 과세표준 상한율 = 0에서 100분의 5 범위 이내로 대통령령으로 정하는 비율

테마 16 / 세 율

1. 재산세 세율

재산세의 세율을 표준세율의 100분의 50 범위 내에서 가감조정할 수 있다. 다만, 가감조정한 세율은 당해 연도에 한하여 적용한다.
■ 가감한 세율을 적용한 세액이 1세대 1주택에 대한 주택 특례세율을 적용한 세액보다 적은 경우에는 1세대 1주택 특례 세율을 적용하지 아니한다.
■ 지방세특례제한법에도 불구하고 동일한 주택이 1세대 1주택에 대한 주택 세율 특례와 지방세특례제한법에 따른 재산세 경감규정의 적용대상이 되는 경우에는 중복하여 적용하지 아니하고 둘 중 경감효과가 큰 것 하나만을 적용한다.

☞ 지방자치단체의 장은 세율조정이 불가피하다고 인정되는 경우 조례로 정하는 바에 따라 100분의 50 범위에서 가감할 수 있으며, 가감한 세율은 5년간 적용한다. (×)

구 분		세 율
토 지	분리과세	비례세율(0.07%, 0.2%, 4%)
	별도합산	3단계 초과누진세율(0.2%~0.4%)
	종합합산	3단계 초과누진세율(0.2%~0.5%)
주 택	주 택	4단계 초과누진세율(0.1%~0.4%)
건축물		비례세율(0.25%, 0.5%, 4%, 5배)
선 박		비례세율(0.3%, 5%)
항공기		비례세율(0.3%)

▤ 1주택자(시가표준액 9억원 이하) : 0.05%~0.35%

(1) 토 지

분리과세	별도합산	종합합산
• 농지 · 목장용지 · 임야 : 0.07% • 공장용지 · 기타 · 토지 : 0.2% • 골프장 고급오락장용 토지 : 4%	초과누진세율 : 0.2~0.4% 소유자별 합산과세	초과누진세율 : 0.2~0.5% 소유자별 합산과세

(2) 건축물

내용 및 세율
• 일반 건축물 ⇨ 0.25 % • 시 이상 주거 · 상업 · 녹지지역 내 공장건축물 ⇨ 0.5%(도시형업종 포함) • 과밀억제권역 내 신설 · 증설한 공장건축물 ⇨ 표준세율의 5배(0.25% × 5배) 5년간(도시형 업종 제외) • 사치성재산(골프장 건축물 · 고급오락장 건축물) ⇨ 4%

(3) 주택(부수토지 포함)

내용 및 세율
• 일반주택(단독 및 공동주택) ⇨ 초과누진세율(0.1%~0.4%) : 고급주택 중과세는 없다.

(4) 선박 및 항공기

내용 및 세율
• 일반선박 ⇨ 0.3% • 고급선박 ⇨ 5% • 항 공 기 ⇨ 0.3%

(5) 세율 적용

① 분리과세대상이 되는 해당 토지의 가액을 과세표준으로 하여 세율을 적용한다.

② 납세의무자가 소유하고 있는 해당 지방자치단체 관할구역에 있는 별도합산과세대상이 되는 토지의 가액을 모두 합한 금액을 과세표준으로 하여 세율을 적용한다.

③ 납세의무자가 소유하고 있는 해당 지방자치단체 관할구역에 있는 종합합산과세대상이 되는 토지의 가액을 모두 합한 금액을 과세표준으로 하여 세율을 적용한다.

④ 주택에 대한 재산세는 주택별로 세율을 적용한다.

☞ 납세의무자가 해당 지방자치단체 관할구역에 2개 이상의 주택을 소유하고 있는 경우 그 주택의 가액을 모두 합한 금액을 과세표준으로 하여 주택의 세율을 적용한다. (×)

⑤ 주택을 2명 이상이 공동으로 소유하거나 주택의 건물과 부속토지의 소유자가 다를 경우 해당 주택의 토지와 건물의 가액을 합산한 과세표준에 세율을 적용한다.

☞ 토지와 건물의 소유자가 다른 주택에 대해 세율을 적용할 때 해당 주택의 토지와 건물의 가액을 소유자별로 구분계산한 과세표준에 해당 세율을 적용한다. (×)

테마 17 징수방법

(1) 과세기준일

재산세 과세기준일은 매년 6월 1일로 한다.

■ 종합부동산세와 병기고지 세목인 소방분에 대한 지역자원시설세도 과세기준일이 6월 1일로 재산세와 동일하다.

■ 시장, 군수는 과세대상 누락, 위법 또는 착오 등으로 인하여 이미 부과한 세액을 변경시키거나 수시 부과하여야 할 사유가 발생한 때에는 수시로 부과·징수할 수 있다.

(2) 납 기

과세물건	납부기한
건축물·선박·항공기	7월 16일 ~ 7월 31일
주 택	7월 16일 ~ 7월 31일 $\left(\dfrac{1}{2}\right)$ 9월 16일 ~ 9월 30일 $\left(\dfrac{1}{2}\right)$
토 지	9월 16일 ~ 9월 30일

주택의 당해 연도 부과세액이 20만원 이하의 경우 조례가 정하는 바에 의하여 납기를 7월 16일부터 7월 31일까지 한꺼번에 부과·징수할 수 있다.

☞ 주택의 정기분 납부세액이 50만원인 경우 세액의 2분의 1은 7월 16일부터 7월 31일까지, 나머지는 10월 16일부터 10월 31일까지를 납기로 한다. (×)

☞ 주택분 재산세로서 해당 연도에 부과할 세액이 20만원 이하인 경우 9월 30일을 납기로 한꺼번에 부과·징수한다. (×)

☞ 해당 연도에 부과할 토지분 재산세액이 20만원 이하인 경우, 조례로 정하는 바에 따라 납기를 7월 16일부터 7월 31일까지로 하여 한꺼번에 부과·징수할 수 있다. (×)

(3) 징수방법 등

① 재산세는 관할 시장·군수가 세액을 산정하여 보통징수방법에 의하여 부과징수한다.

② 재산세를 징수하고자 하는 때에는 토지, 건축물, 주택, 선박 및 항공기로 구분한 납세고지서에 과세표준액과 세액을 기재하여 늦어도 납기개시 **5일 전**까지 발부하여야 한다.

③ 신탁재산의 위탁자가 재산세 등을 체납한 경우로서 그 위탁자의 다른 재산에 대하여 체납처분을 하여도 징수할 금액에 미치지 못할 때에는 해당 신탁재산의 수탁자는 그 신탁재산으로서 위탁자의 재산세 등을 납부할 의무가 **있다**.

④ **토지**에 대한 재산세는 **한 장의 납세고지서로 발급**하며 토지 외의 재산에 대한 재산세는 건축물 주택 선박 항공기로 구분하여 과세대상 물건마다 한 장의 납세고지서로 발급하거나 물건의 종류별로 한 장의 고지서로 발급할 수 있다.

☞ 재산세의 납세지는 부동산 소유자의 주소지이므로 부동산 소재지와 소유자의 주소지가 다른 경우에는 소유자의 주소지가 납세지이다. (×)

(4) 납부지연가산세

① 납부기한까지 납부하지 아니한 경우 : 3%

② 납부기한 지난 후 : 매 1개월 마다 66/10,000(60개월을 초과할 수 없다). 지방세 45만원 미만이면 적용하지 아니한다.

(5) 재산세 과세대장의 등재

① 원칙 : 납세의무자의 신고에 의한 등재. 과세기준일로부터 15일 이내

② 예외 : 직권에 의한 등재. 가산세(×), 직권으로 등기는 불가능하다.

③ 신고의무자(15일 이내)

　㉠ 재산의 소유권 변동사유가 발생하였으나 과세기준일까지 그 등기가 되지 아니한 재산의 공부상 소유자

　㉡ 상속이 개시된 재산으로 상속등기가 되지 아니한 경우 주된 상속자

　㉢ 사실상 종중재산으로 공부상 개인 명의로 등재되어 있는 재산의 공부상 소유자

　㉣ 신탁법에 따라 수탁자 명의로 등기된 신탁재산의 수탁자

　㉤ 1세대가 둘 이상의 주택을 소유하고 있음에도 불구하고 1세대 1주택 특례세율을 적용받으려는 경우에 그 세대원

　㉥ 공부상 등재현황과 사실상의 현황이 다르거나 사실상의 현황이 변경된 경우 해당 재산의 사실상 소유자

(6) 재산세의 부가세와 병기고지세목

① 부가세 : 지방교육세(재산세 도시지역분은 제외) 20%

② 병기고지 : 소방분에 대한 지역자원시설세

(7) **소액징수면제** : 고지서 1매당 납부세액이 2,000원 미만시 징수하지 아니한다(2,000원이면 징수한다).

① 취득세(면세점) : 취득가액이 50만원 이하

② 등록면허세 : 6,000원 미만이면 6,000원을 세액으로 한다.

(8) **물납**(허가 : ○) **및 분납**(허가 : ×)

① 물납(1,000만원 초과시) : 납기개시 10일 전 신청 ⇨ 5일 이내 통지 : 허가시 10일 이내 서류제출, 불허가시 10일 이내 변경신청 ⇨ 관할구역(전국 ×) 부동산(재산세 과세대상 ×)

② 물납 부동산 평가 : 과세기준일 현재 시가에 의한다.

　단, 과세기준일 전 6개월부터 과세기준일까지 보상가액, 공매가격, 감정가액, 사실상 취득가액이 있는 경우 ⇨ 시가로 본다(둘 이상이 있는 경우 과세기준일에 가장 가까운 것을 시가로 본다).

☞ 재산세 고지서에 병기고지 할 수 있는 지역자원시설세와 부가세인 지방교육세 등은 물납할 수 없다. (○)

☞ 도시지역분 재산세도 재산세와 합산하여 재산세로 부과되기 때문에 물납이 가능하다. (○)

☞ 물납을 한 경우 납기 내 납부한 것으로 본다. (○)

☞ 지방자치단체의 장은 재산세 납부세액이 1천만원을 초과하는 경우 납세의무자의 신청을 받아 관할구역에 관계없이 해당 납세자의 부동산에 대하여 법령이 정하는 바에 따라 물납을 허가할 수 있다. (×)

☞ 물납 신청 후 불허가 통지를 받은 경우에 해당 시·군·구의 다른 부동산으로의 변경신청은 허용되지 않으며 금전으로만 납부하여야 한다. (×)

☞ 재산세 물납을 허가하는 부동산의 가액은 매년 12월 31일 현재의 시가로 평가한다. (×)

③ 분납(허가 필요 없음)

　250만원 초과시 3개월 이내 분납 가능

　㉠ 500만원 이하 : 250만원 초과 금액

　㉡ 500만원 초과 : 50/100 이하 금액

　　ⓐ 분납신청시 과세권자는 고지서를 수정고지 하여야 한다.

　　ⓑ 소방분에 대한 지역자원시설세의 경우에도 재산세에 병기고지되는 경우로서 재산세를 분할납부하는 경우에는 분할납부가 가능하다.

구 분	신 청	허가여부
물 납	납부기한 10일 전까지	○
분할납부	납부기한까지	×

(9) **비과세**

① 국가 등이나 외국정부(상호주의 적용)가 소유하는 경우

② 국가 등이 1년 이상 공용 공공용으로 무상사용

　　■ 단, 유료로 사용하는 경우와 소유권 유상이전을 약정한 경우로서 그 재산을 취득하기 전에 미리
　　　사용하는 경우는 과세한다.

③ 통제보호구역 내 토지(단, 전ㆍ답ㆍ과수원ㆍ대지는 제외)

④ 철거명령 받은 건축물 또는 주택(단, 부수토지는 과세)

⑤ 도로법에 따른 도로와 그 밖에 일반인의 자유로운 통행을 위하여 제공할 목적으로 개설
　한 사설도로(건축법 시행령 제80조의 2에 따른 대지 안의 공지는 제외)

⑥ 임시사용건축물로 과세기준일 현재 1년 미만인 경우

⑦ 산림보호법에 따라 지정된 채종림, 시험림

⑧ 자연공원법에 의한 공원자연보존지구 안의 임야

(10) **세부담상한**(주택에 대한 세부담상한은 폐지되었음)

토지ㆍ건축물 : 100분의 150

　☞ 주택에 대한 재산세의 산출세액이 직전 연도의 해당 주택에 대한 재산세액 상당액의 100분
　　의 150을 초과하는 경우에는 100분의 150에 해당하는 금액을 해당 연도에 징수할 세액으
　　로 한다. (×)

(11) **납부유예**(100만원 초과의 경우에 한함)

관할세무서장은 다음 각 호의 요건을 모두 충족하는 납세의무자가 주택분 종합부동산세액
의 납부유예를 그 납부기한 만료 3일 전까지 신청하는 경우 이를 허가할 수 있다. 이 경우
납부유예를 신청한 납세의무자는 그 유예할 주택분 종합부동산세액에 상당하는 담보를 제
공하여야 한다.

① 과세기준일 현재 1세대 1주택자일 것

② 과세기준일 현재 만 60세 이상이거나 해당 주택을 5년 이상 보유하고 있을 것

테마 18 / 세목별 겸용주택

1. 재산세

① 1동 : 면적과 무관하게 주택부분만 주택으로 본다.

② 1구 : 주택면적이 50% 이상인 경우 ⇨ 전부 주택

2. 양도소득세

단, 고가주택의 경우 면적과 관계없이 주택 부분만 주택으로 본다.

구 분	건 물
주택면적 > 주택 외의 면적	전부를 주택으로 본다.
주택면적 ≤ 주택 외의 면적	주택만 주택으로 본다.

▤ 재산세 날짜 정리

5일	과세권자 ⇨ 납세의무자
10일	납세의무자 ⇨ 과세권자
15일	소유권 변동의 경우 변동신고 과세기준일로부터 15일 이내

Chapter 05 종합부동산세

전국을 대상으로 주택 및 토지를 소유자별로 합산하여 일정액을 초과하는 경우 과세하며 보유정도에 따라 초과누진세율을 적용하는 인세로서 국세이다.

▣ 세대별 합산하지 않고 소유자별 합산한다. 이때 합산은 전국을 대상으로 합산하고 주택의 경우 재산세는 주택별로 각각 과세하지만 종합부동산세의 경우에는 주택도 전국을 대상으로 소유자별로 합산하여 과세한다.

테마 19 │ 과세대상

1. 과세대상

(1) **주택**: 주택분 재산세 납세의무자로서 국내주택에 대한 주택공시가격을 납세의무자별로 합한 가액이 9억원(1세대 1주택의 경우 12억원 초과)을 초과하는 주택

▣ 과세대상에서 제외되는 주택(9월 16일 ~ 9월 30일까지 납세지 관할 세무서장에게 주택보유현황 신고)

① 임대사업용 임대주택(임대주택법)
② 기숙사 및 사원용 주택
③ 주택건설 사업자가 소유하는 미분양 주택 등
④ 가정어린이집용 주택

1) 세액공제(1세대 1주택 단독명의자)

① 연령별공제(20% ~ 40%)

연 령	만 60세 이상	만 65세 이상	만 70세 이상
공제율	20%	30%	40%

② 장기보유공제(20% ~ 50%)

보유기간	5년 이상	10년 이상	15년 이상
공제율	20%	40%	50%

③ ①과 ② 중복의 경우 중복공제(공제율 합계 100분의 80의 범위 내에서)도 가능

2) 주택수 판단

직계존속의 동거봉양은 10년 혼인의 경우는 5년간 합산과세를 유예한다(각각 별도 세대로 본다).

3) 단, 1주택 공동명의자의 경우에도 9월 16일∼9월 30일까지 1주택자로 신청할 수 있다.

☞ 과세기준일 현재 만 60세 이상인 자가 보유하고 있는 종합부동산세 과세대상인 토지에 대하여는 연령에 따른 세액공제를 받을 수 있다. (×)

(2) 토지 ⇨ 분리과세대상 토지 제외

① 재산세 규정에 의한 종합합산과세대상 토지

② 재산세 규정에 의한 별도합산과세대상 토지

테마 20 납세의무자

1. **납세의무자**: 일정기준금액을 초과하는 자

① 주택: 9억원을 초과하는 자(1세대 1주택 단독명의: 12억원을 초과하는 자)

② 종합합산과세대상 토지: 5억원을 초과하는 자

③ 별도합산과세대상 토지: 80억원을 초과하는 자

☞ 과세대상 토지가 매매로 유상이전되는 경우로서 매매계약서 작성일이 2024년 6월 1일이고 잔금지급 및 소유권이전등기일이 2024년 6월 29일인 경우 종합부동산세의 납세의무자는 매도인이다. (○)

테마 21 과세표준

1. **과세표준**

① 종합합산과세대상 토지: 과세대상 토지의 공시가격을 소유자별로 합한 금액에서 5억원을 공제한 금액에 공정시장가액비율을 곱한 금액

② 별도합산과세대상 토지: 과세대상 토지의 공시가격을 소유자별로 합한 금액에서 80억원을 공제한 금액에 공정시장가액비율을 곱한 금액

③ 주택: 전국의 주택을 소유자별로 합산한 금액에서 9억원(1세대 1주택 단독명의자는 12억원)을 공제한 금액에 공정시장가액비율(60%)을 곱한 금액(법인은 9억원 공제 배제)

■ 공정시장가액 비율을 곱한다는 말이 반드시 들어가야 한다.

1. 1세대 1주택자 판단시 문화유산지역 내 주택과 합산배제 임대주택은 주택수에서 제외한다.

2. 합산배제 임대주택의 경우 과세기준일 현재 일반주택에 주민등록이 되어 있고 실제로 거주하고 있는 경우에 한한다.

3. 9억원 초과부분에 대하여 부과된 재산세액(지방세법에 의한 가감조정된 세율이 적용된 경우에는 그 세율이 **적용된** 세액 세부담상한을 적용받는 경우에는 그 상한을 **적용 받는 세액**을 말함)은 주택분 종합부동산세의 산출세액에서 공제한다.

테마 22 / 세 율

1. 세율 및 세액

① 종합합산과세 대상 토지(1~3%), 별도합산과세 대상 토지(0.5%~0.7%) 3단계 초과누진세율

② 주택(공익법인 등은 누진세율 적용)

  ㉠ 2주택 이하: 5/1,000 ~ 27/1,000(단, 법인은 27/1,000)

  ㉡ 3주택 이상: 5/1,000 ~ 50/1,000(단, 법인은 50/1,000)

③ 주택수 계산: 1주택을 여러 사람이 공동으로 소유한 경우 공동소유자 각자가 그 주택을 소유한 것으로 본다.

④ 「건축법 시행령」 별표 1에 따른 다가구주택은 1주택으로 본다.

2. 주택분 종합부동산세 계산시 다음의 경우는 주택수에서 제외한다(①②③의 경우 9월 16일부터 9월 30일까지 신고를 하여야 한다).

① 일시적 2주택

  1세대 1주택자가 종전주택 양도 전 다른 주택을 대체 취득한 경우: 신규주택 취득 후 3년 이내 종전 주택 양도하는 경우로 한정

② 상속주택(다음의 주택은 주택수에서 제외): 1세대 1주택자가 상속을 원인으로 취득한 주택을 함께 보유하는 경우로서 상속개시일부터 5년이 경과하지 않은 주택. 다만, 다음의 경우 기간 제한과 관계없이 주택수에서 제외

  ㉠ 소액지분(상속주택지분 40% 이하)인 경우

  ㉡ 지분율에 해당하는 금액이 수도권은 6억원 이하 비수도권은 3억원 이하인 주택

③ 지방 저가주택(수도권, 광역시, 특별자치시 밖의 소재 주택)

  1세대 1주택자가 지방 저가주택(공시가격 3억원 이하)을 함께 보유하는 경우

④ 토지의 소유권 또는 지상권 등 토지를 사용할 수 있는 권원이 없는 자가 건축법 등 관계 법령에 따른 허가 등을 받지 않거나 신고를 하지 않고 건축하여 사용 중인 주택(주택을 건축한 자와 사용 중인 자가 다른 주택을 포함한다)의 부속토지

⑤ 「건축법 시행령」에 따른 다가구주택은 1주택으로 본다.

테마 23 / 부과징수

1. 부과징수

① 과세기준일 : 매년 6월 1일

② 납기 : 매년 12월 1일 ~ 12월 15일까지(신고납부 선택시에도 동일)

2. 징수방법

① 정부부과 방법(예외 : 신고납부 - 신고납부를 하는 경우 과세권자의 결정은 없었던 것으로 본다)

☞ 관할세무서장은 납부하여야 할 종합부동산세의 세액을 결정하여 당해 연도 12월 1일 부터 12월 15일까지 부과·징수한다. 다만, 예외적으로 신고납부할 수 있으며 이 경우 관할 세무서장의 결정은 없었던 것으로 본다. (○)

② 납부기간(신고납부도 동일) : 매년 12월 1일 ~ 12월 15일

③ 분납(250만원 초과시 6개월 이내) 가능

☞ 종합부동산세 납부세액이 600만원인 경우, 최대 100만원은 납부기한이 지난 날부터 2개월 이내에 분납할 수 있다. (×)

④ 부가세 : 농어촌특별세 ⇨ 종합부동산세액의 20%

⑤ 무신고가산세 : ×, 과소신고가산세 : ○

☞ 납세의무자는 선택에 따라 신고납부할 수 있으나, 신고를 함에 있어 납부세액을 과소 하게 신고한 경우라도 과소신고가산세가 적용되지 않는다. (×)

3. 납부유예(100만원 초과의 경우 해당)

관할세무서장은 다음 각 호의 요건을 모두 충족하는 납세의무자가 주택분 종합부동산세액의 납부유예를 그 납부기한 만료 3일 전까지 신청하는 경우 이를 허가할 수 있다. 이 경우 납부유예를 신청한 납세의무자는 그 유예할 주택분 종합부동산세액에 상당하는 담보를 제공하여야 한다.

① 과세기준일 현재 1세대 1주택자일 것

② 과세기준일 현재 만 60세 이상이거나 해당 주택을 5년 이상 보유하고 있을 것

테마 24 세부담상한

구 분		재산세	종합부동산세(금액무관)
토 지	종합합산	150/100	150/100
	별도합산	150/100	150/100
건축물		150/100	–
주 택		폐지	150/100

주택에 대한 세부담상한의 기준이 되는 직전 연도에 해당 주택에 부과된 주택에 대한 총세액 상당액은 납세의무자가 해당 연도의 과세표준 합산주택을 직전 연도 과세기준일에 실제로 소유하였는지의 여부를 불문하고 직전 연도 과세기준일 현재 소유한 것으로 보아 계산한다.

■ 재산세와 종합부동산세 비교

구 분	재산세	종합부동산세
과세주체	시, 군, 구, 특별자치시, 특별자치도	국가
납세의무 성립시기	과세기준일	과세기준일
과세대상	토지, 건축물, 주택, 선박, 항공기	별도 종합 주택
고급주택	과세(누진세율)	과세
세 율	비례세율 누진세율(별도, 종합, 주택)	누진세율 (단, 법인소유 주택: 비례세율)
소액징수면제	○	×
물 납	① 1천만원 초과 ② 관할구역 내 부동산	×
분 납	250만원 초과(3개월 이내)	250만원 초과(6개월 이내)
세부담상한	토지, 건축물: 150/100	① 별도, 종합: 150/100 ② 주택: 150/100
납세지	물건소재지 시, 군, 구	거주자: 주소지 관할 세무서
부가세	지방교육세 20%	농어촌특별세 20%

테마 25 소득세법 총론

1. 거주자, 비거주자

거주자	국내에 주소가 있거나 1과세기간 중 183일 이상 거소를 둔 자	국내 + 국외 소득과세
비거주자	거주자가 아닌 자	국내 원천 소득과세

▤ 단, 국외자산의 경우 국내에 5년 이상 주소 또는 거소를 둔 자의 경우에만 납세의무가 있다.

2. 과세기간

세 목		과세기간
소득세	원 칙	매년 1월 1일부터 ~ 12월 31일까지
	사 망	1월 1일부터 ~ 사망일까지
	출 국	1월 1일부터 ~ 출국일까지
법인세		사업연도(회계기간): 법령 정관 등이 정하는 기간
부가가치세·지방소비세	1기	1월 1일부터 ~ 6월 30일까지
	2기	7월 1일부터 ~ 12월 31일까지

3. 소득세법의 특징
① 국세, 보통세, 직접세
② 개인(소유자)별 과세 원칙
③ 종합합산과세 원칙: 분류과세(퇴직소득 및 양도소득)
   ▤ 양도소득은 다른 소득과 합산하여 과세하지 않는다.
④ 열거주의 과세방식, 소득원천설(순자산 증가설 일부)
⑤ 초과누진세율
⑥ 주소지과세 원칙, 신고납부, 인적공제 제도

4. 납세지

거주자	주소지 또는 거소지	
비거주자	사업장이 있는 경우	사업장 소재지
	사업장이 없는 경우	국내 원천소득이 발생한 장소

▤ 종합부동산세의 경우 소득세법 규정을 준용한다. 다만, 비거주자의 경우 국내사업장이 없고 국내 원천소득이 발생하지 아니하는 경우에는 그 토지 또는 주택의 소재지를 납세지로 한다.

테마 26 / 부동산 관련 사업소득

1. 부동산 임대소득의 범위

① 부동산 및 부동산상의 권리의 대여소득. 지상권 및 지역권 포함(**단, 공익사업과 관련된 경우 제외**)

② 광업재단, 공장재단의 대여소득. 다만, 기계 등 일부 대여시 제외

③ 덕대 등이 채굴에 관한 권리의 대여소득. 단, 분철료를 받는 경우 제외

④ 건물의 옥상, 측면 등을 사용하게 하고 받은 대가

⑤ 부동산 매매업자 또는 건설업자의 일시적인 대여소득

⑥ 자기소유 부동산을 타인에게 대신 담보로 제공하고 받은 대가

2. 비과세

① 논·밭을 작물생산에 이용하게 하고 받은 임대소득

② 1주택 임대소득(국외주택임대는 제외, 고가주택 제외: 과세기간 종료일 현재 기준시가 12억원 초과)

☞ 거주자의 주택 임대소득의 비과세 및 총수입금액에 관하여 「소득세법」상 기준시가 5억원인 국외소재 1주택을 임대하는 경우에는 비과세 된다. (×)

■ 주택임대소득이 연간 2천만원 이하 : 종합소득과 분리과세 중 선택 적용

③ 주택수 산정

㉠ 본인과 배우자가 각각 국내소재 주택을 소유한 경우 이를 **합산**하여 1주택 여부를 판단한다.

㉡ 공동소유하는 주택은 지분이 가장 큰 사람의 소유로 계산(지분이 가장 큰 사람이 2명 이상인 경우로서 그들이 합의하여 그들 중 1명을 해당 주택 임대수입의 귀속자로 정한 경우에는 그의 소유로 계산한다). 다만, 다음 어느 하나에 해당하는 사람은 본문에 따라 공동소유의 주택을 소유하는 것으로 계산되지 않는 경우라도 그의 소유로 계산한다.

ⓐ 연간 임대소득이 600만원 이상

ⓑ 기준시가 12억원 초과하는 고가주택의 지분율이 30%를 초과하는 경우

㉢ 전전세 등의 경우 : 전세받은 자 소유

㉣ 다가구주택 : 1개의 주택으로 보되 구분등기 된 경우 각각을 주택으로 본다.

☞ 주택임대로 인하여 발생하는 소득에 대한 비과세 여부를 판단함에 있어서 甲과 그 배우자가 각각 주택을 소유하는 경우, 이를 합산하여 주택수를 계산한다. (○)

☞ 거주자의 보유주택 수를 계산함에 있어서 다가구주택은 1개의 주택으로 보되, 구분등기된 경우에는 각각을 1개의 주택으로 계산한다. (○)

3. **간주임대료**(3주택 이상의 경우. 단, 40제곱미터 이하이고 기준시가 2억 이하인 주택은 주택 수에서 제외) : 보증금 합계액이 3억원을 초과하는 경우 초과금액에 대통령령이 정하는 바에 따라 계산한 금액을 총수입금액에 산입한다.

☞ 부동산 임대업에서 발생한 결손금은 다른 소득금액에서 공제하지 못한다. 다만, 주거용 건물의 임대업에서 발생한 결손금은 종합소득 과세표준을 계산할 때 다른 소득금액에서 공제한다. (○)

■ 부동산 임대업의 소득금액 계산

소득금액 = (임대료 + 간주임대료 + 관리비수입 + 보험차익) − 필요경비

구 분		임대료	보증금
1주택	일반주택	비과세	−
	고가주택	과 세	
	국외주택	과 세	
2주택		과 세	−
3주택 이상 + 보증금 3억원 초과		과 세	과 세

4. **부동산 매매업**

부동산의 매매(건물을 신축하여 판매하는 경우 포함) 또는 그 중개를 사업소득으로 나타내어 부동산을 판매하거나 사업상의 목적으로 1과세기간 중에 1회 이상 부동산을 취득하고 2회 이상 판매하는 경우

5. **주택신축판매업**(건설업)

주택신축판매업이란 주택을 건설하여 판매하는 사업을 말한다. 따라서 신축주택이 아닌 기존주택을 판매하는 것은 부동산 매매업으로 본다.

(1) **주택신축판매업의 범위**

① 1동의 주택을 신축하여 판매하여도 건설업으로 본다.

② 건설업자에게 도급을 주어서 주택을 신축하여 판매하여도 건설업으로 본다.

③ 종전부터 소유하던 자기의 토지 위에 주택을 신축하여 주택과 함께 매매하는 경우에는 건설업으로 본다.

④ 신축한 주택이 판매되지 아니하여 판매될 때까지 일시적으로 일부 또는 전부를 임대한 후 판매하는 경우에도 당해 주택의 판매사업은 건설업으로 본다.

테마 27 │ **과세대상**

구 분	과세대상
부동산 및 이에 준하는 것	① 부동산(토지와 건물) ② 부동산에 관한 권리 　　㉠ 부동산을 이용할 수 있는 권리 　　　　ⓐ 지상권 　　　　ⓑ 전세권 　　　　ⓒ **등기된** 부동산임차권 　　㉡ 부동산을 취득할 수 있는 권리(분양권 등)
	③ 기타자산 　　㉠ 특정시설물 이용권(골프 회원권 등) 　　㉡ 사업에 사용하는 토지, 건물, 부동산에 관한 권리와 **함께** 양도하는 영업권 　　㉢ 토지 건물과 **함께** 양도하는 이축권
주식 등	—

파생상품 · 신탁수익권

☞ 시설물을 배타적으로 이용하거나 일반이용자에 비하여 유리한 조건으로 시설물을 이용할 수 있는 권리가 부여된 주식의 양도로 인하여 발생하는 소득은 양도소득에 해당한다. (○)

☞ 무상이전에 따라 소유권이 이전되는 경우에는 양도소득세 과세대상이 되지 아니한다. (○)

☞ 등기되지 않은 부동산임차권은 양도소득세 과세대상이다. (×)

■ 분양권과 입주권 비교

구 분	주 택	주택수 포함	취득세	양도세	장기보유특별공제	양도소득 기본공제
입주권	×	○	×	○	○	○
분양권	×	○	×	○	×	○

테마 28 │ 양도의 개념

양도란 자산에 대한 등기·등록과 관계없이 그 자산을 유상으로 이전하는 것을 말한다.

▤ 양도로 보지 않는 경우는 반대로 어떤 경우에 양도에 해당하는지 여부도 함께 정리해야 한다.

양도로 보는 경우		
매 매		
교 환		
법인에 대한 현물출자		
대물변제(위자료)		
부담부증여	채무인수 : 양도	
	채무인수 이외 : 증여	
공매, 경매		
수 용		
기 타	• 적법하게 소유권이전 후 당사자 간 합의로 환원 • 양도담보 후 채무불이행으로 변제에 충당 • 이혼위자료 등을 부동산 등으로 소유권을 이전하는 경우	

양도로 보지 않는 경우	
무상이전	
환지처분 (감환지의 경우 양도로 본다)및 보류지 충당	
양도담보	
공유물의 지분 변동 없이 분할, 재분할	
재산분할청구 소송에 의한 분할	
매매원인 무효 소로 인한 소유권 환원	
법원의 확정판결에 의하여 신탁해지를 원인으로 소유권이전등기 하는 경우	
지적경계선 변경을 위한 토지의 교환	
기 타	본인 소유자산을 경매로 인하여 본인이 재취득

▤ 배우자 직계존비속간의 양도시 증여추정의 예외(양도로 보는 경우)

1. 경매절차에 의한 경우
2. 파산선고로 인하여 처분이 된 경우
3. 국세징수법에 의하여 공매가 된 경우
4. 증권시장을 통하여 유가증권이 처분된 경우
5. 그 대가를 지급한 사실이 명백히 인정되는 경우

☞ 양도라 함은 매도, 교환, 법인에 대한 현물출자 등으로 그 자산이 유상으로 이전되는 것으로서, 소유권 이전을 위한 등기 또는 등록을 과세의 조건으로 한다. (×)

☞ 배우자 간의 부담부증여에 있어서 수증자가 인수한 증여자의 채무액은 증여재산가액에서 공제하지 아니하고 증여세가 과세되므로, 항상 양도로 보지 아니한다. (×)

☞ 법정요건을 갖춘 양도담보계약에 의하여 소유권을 이전한 경우에는 이를 양도로 보지 아니하되, 채무불이행으로 변제에 충당한 때에는 이를 양도한 것으로 본다. (○)

☞ 부담부증여시 그 증여가액 중 채무액에 해당하는 부분을 제외한 부분은 양도로 보지 아니한다. (○)

☞ 법원의 확정판결에 의한 이혼위자료로 배우자에게 토지의 소유권을 이전하는 경우는 양도행위로 본다. (○)

☞ 본인 소유자산을 경매 공매로 인하여 자기가 재취득하는 경우 양도행위가 아니다. (○)

테마 29 ⟍ 양도 또는 취득시기

1. 일반적인 거래
① 원칙 : 사실상의 대금청산일(계약서상 잔금지급일과 관계없이 사실상 대금청산일을 양도 또는 취득시기로 본다.
   ◼ 양수자가 양도소득세 및 부가세액을 대신 부담하기로 약정한 경우 당해 양도시기 판단시는 양도소득세와 부가세액은 제외한다. 다만, 양도가액 판정시에는 포함한다.
② 대금청산일이 불분명한 경우 : 등기·등록접수일 또는 명의개서일
③ 사실상 대금청산일 이전에 등기시 : 등기접수일

2. 예 외
① 장기할부조건 : 등기접수일, 인도일 또는 사용수익일 중 **빠른 날**
② 상속 : 상속개시일(피상속인 사망일) ⇨ 세율적용시 : 피상속인 취득일
③ 증여 : 증여 받은 날(취득세 : 계약일) ⇨ 배우자 간 이월과세 적용 : 당초 증여자의 취득일
④ 자가건축 : 사용승인서교부일. 단, 무허가 건축물인 경우에는 사실상사용일
⑤ 환지처분 : 환지 전 토지 취득일(증감시 : 환지처분 공고일의 다음 날)
⑥ 미완성, 미확정 자산 : 그 목적물의 완성 또는 확정일
⑦ 민법상 시효취득 : 점유개시일(취득세 : 등기일)
⑧ 매매원인무효 판결에 의해 환원된 토지 : 그 자산의 당초 취득일
⑨ 수용 : 대금청산일, 수용개시일, 소유권이전등기일 중 **빠른 날**(공탁된 경우 : 소송판결확정일)

⑩ 취득시기의 의제
  ㉠ 토지, 건물, 부동산에 관한 권리, 기타자산의 의제취득일 : 1984년 12월 31일 이전에 취득한 것은 1985년 1월 1일 취득한 것으로 본다.
  ㉡ 주식 또는 출자지분 : 1985년 12월 31일 이전에 취득한 것은 1986년 1월 1일 취득한 것으로 본다.

☞ 부동산의 소유권이 타인에게 이전되었다가 법원의 무효판결에 의하여 당해 자산의 소유권이 환원되는 경우 당해 자산의 취득시기는 법원의 확정판결일이 양도 또는 취득시기이다. (×)

☞ 환지처분으로 권리면적이 증가한 경우의 취득시기는 환지처분공고일의 다음 날이다. (○)

☞ 장기할부조건의 경우에는 소유권이전등기 접수일·인도일 또는 사용수익일 중 빠른 날이 양도 또는 취득시기이다. (○)

☞ 증여에 의하여 취득한 자산은 증여를 받은 날이 취득 및 양도시기이다. (○)

테마 30 과세표준

양도가액	• 원칙 : 실지거래가격, 예외 : 추계결정가액
−	
필요경비	• 취득가액, 자본적 지출, 양도비용 또는 필요경비개산공제
↓	
양도차익	
−	
장기보유특별공제	• 3년 이상 보유하고 양도하는 토지, 건물 및 조합원입주권(미등기 자산, 국외자산 제외) 거주자, 비거주자 모두 적용
↓	
양도소득금액	• 결손금은 소득별로 통산한다.
−	
양도소득 기본공제	• 소득별(부동산 등 / 주식 등 / 파생상품 / 신탁수익권)로 각각 연 250만 원(미등기 자산은 제외) / 거주자, 비거주자 모두 적용
↓	
양도소득 과세표준	
×	
세 율	• 초과누진세율(6~45%)/비례세율
↓	
산출세액	

1. 양도소득 과세표준 산출산식

① 양도가액 − 필요경비 = 양도차익

② 양도차익 − 장기보유특별공제 = 양도소득금액

③ 양도소득금액 − 양도소득기본공제 = 과세표준

　　㉠ 토지를 미등기 양도하는 경우 양도차익과 양도소득금액 과세표준이 동일하다 : ◯

　　㉡ 양도소득금액 계산시 마지막 공제항목은 양도소득기본공제이다 : ×

　　　양도소득기본공제는 과세표준계산시 마지막 공제항목이고 장기보유특별공제는 양도소득금액 계산시 마지막 공제항목에 해당한다.

④ 토지와 건물을 함께 취득하거나 양도한 경우로 토지 건물 등의 가액 구분이 불분명한 경우 취득 또는 양도 당시의 기준시가를 기준으로 안분한다.

⑤ 양도가액을 실지거래가액을(매매사례가액, 감정가액 포함) 적용하는 경우 취득가액도 실지거래가액(매매사례가액 감정가액 환산취득가액 포함)으로 하고 양도가액을 기준시가를 적용하는 경우 취득가액도 기준시가를 적용한다.

2. 양도차익의 산출

실지양도가액 − (실지취득가액 + 자본적 지출 + 실제양도비)

(1) 실지양도가액

① 당해 자산의 양도당시 양도자와 양수자 간에 실제로 거래한 가액에 의한다.

② 토지 또는 건물을 양도 후 예정신고 또는 확정신고를 하지 아니한 경우 부동산등기법 규정에 따라 등기부에 기재된 거래가액을 실지거래가액으로 추정할 수 있다.

(2) 실지취득가액

① 상속 및 증여재산의 경우 상속개시일 또는 증여일 현재 상속세 및 증여세법 규정에 의하여 평가한 가액을 취득 당시 실지거래가액으로 본다.

② 배우자 이월과세의 경우 : 증여한 배우자 또는 직계존비속의 취득당시가액으로 한다.

(3) 실거래가액이 확인되지 않는 경우 : 추계조사 결정

① 취득가액 : 매매사례가액 − 감정가액 − 환산취득가액 − 기준시가

② 양도가액 : 매매사례가액 − 감정가액 − 기준시가

　　㉠ 추계조사 결정·경정은 취득가액과 양도가액 모두 적용순서가 바뀌면 안된다.

　　㉡ 환산취득가액은 취득가액의 경우에만 적용되고 양도가액의 경우 적용하지 아니한다.

　　㉢ 매매사례가액과 감정가액은 취득일 또는 양도일 전·후 3개월 이내의 경우를 말하고 감정가액의 경우 기준시가 10억원 이하인 경우 하나의 감정평가기관의 감정가액도 인정한다.

(4) 취득가액을 추계조사 결정·경정에 의하는 경우 자본적지출과 양도비 대신 필요경비개산공제를 적용한다. 단, 환산취득가액을 취득가액으로 하는 경우에는 다음의 둘 중 큰 금액을 필요경비로 할 수 있다.

① 실제 발생한 자본적지출과 양도비용을 합한 금액

② 환산취득가액과 필요경비개산공제액을 합한 금액

■ 필요경비 산입여부

필요경비 산입	필요경비 불산입
• 취득가액 / 부대비용(취득세 등) • 취득관련 소송·화해비용 • 대금지급 방법에 따른 약정이자 상당액 • 채권매각차손 • 현재가치할인차금 • 자본적지출액 • 양도직접비용(증권거래세, 수수료 등)	• 재산세, 종합부동산세 • 연체·지연이자 • 수익적지출액 • 취득관련조세의 가산세 • 부당행위계산 부인에 의한 시가 초과액 • 양도간접비용 등 • 필요경비로 산입된 금액

目 필요경비에 포함하지 않는 항목

1. 취득관련 조세의 가산세
2. 보유 관련 조세(재산세, 종합부동산세)
3. 당초 약정에 의한 거래가액의 지급기일의 지연으로 인하여 추가로 발생하는 이자상당액
4. 부당행위계산에 의한 시가 초과액
5. 수익적 지출
6. 양도 간접비용
7. 취득에 대한 쟁송이 있는 자산에 대하여 그 소유권 등을 확보하기 위하여 직접 소요된 소송비용, 화해비용 등의 금액으로서 그 지출한 연도의 각 소득금액 계산에 있어서 필요경비에 산입된 금액
8. 지적공부상 면적이 증가한 해당 토지를 양도할 때 지적재조사 결과 보유한 토지 면적이 증가하여 징수한 조정금은 취득가액에서 제외한다.
9. 자본적 지출액은 그 지출에 관한 증명서류를 수취 보관하거나 실제 지출사실을 금융거래 증명서류에 의하여 확인되는 경우 필요경비에 포함한다.
10. 국민주택채권을 양도하여 발생하는 매각차손(이 경우 금융기관 외의 자에게 양도한 경우에는 동일한 날에 금융기관에 양도하였을 경우 발생하는 매각차손을 한도로 한다)은 필요경비에 포함한다.

■ 부동산의 기준시가

토 지	일반지역 : 법률에 따른 개별공시지가
	지정지역 : 개별공시지가 × 국세청장이 정하는 배율
주 택	단독주택 : 법률에 따른 개별주택가격
	공동주택 : 법률에 따른 공동주택가격
건 물	오피스텔 : 매년 1회 이상 국세청장이 토지와 건물 일괄 고시
	일반건물 : 매년 1회 이상 국세청장이 산정 고시

☞ 양도소득세액의 계산과정순서는 양도가액 ⇨ 양도차익 ⇨ 양도소득금액 ⇨ 양도소득 과세표준이다. (○)

☞ 취득가액을 실지거래가액으로 계산하는 경우 자본적 지출액은 필요경비에 포함된다. (○)

☞ 양도가액을 기준시가에 따를 때에는 취득가액도 기준시가에 따른다. (○)

☞ 추계결정 또는 경정시 환산취득가액은 양도가액을 추계할 경우에는 적용되지만 취득가액을 추계할 경우에는 적용되지 않는다. (×)

☞ 취득 후 본래의 용도를 유지하기 위해 소요된 수익적 지출액은 실지거래가액에 의한 양도차익 계산시 필요경비로 인정된다. (×)

☞ 자본적지출액은 그 지출에 관한 증명서류를 수취 보관하지 않고 실세 지출사실이 금융거래 증명서류에 의하여 확인되는 경우 양도차익 계산시 양도가액에서 공제할 수 있다. (○)

☞ 취득시 법령 규정에 따라 매입한 국민주택채권을 만기전에 매각하는 경우 매각차손은 매매 상대방과 관계없이 전액 양도소득 필요경비에 해당한다. (×)

☞ 매매사례가액은 양도일 또는 취득일 전후 각 3개월 이내에 해당 자산과 동일성 또는 유사성이 있는 자산의 매매사례가 있는 경우 그 가액을 말한다. (○)

3. 양도소득금액의 산출

양도차익 − 장기보유특별공제 = 양도소득금액

(1) 장기보유특별공제

공제대상	3년 이상 보유 + 토지, 건물, 조합원입주권(승계취득은 제외)
공제배제	미등기 양도자산 및 국외자산
공제액계산	양도차익 × 공제율(일반자산 ⇨ 6 ~ 30%) 1주택(고가주택 : 10년 이상 보유 + 10년 이상 거주) : 20 ~ 80%
보유기간특례	증여재산 이월과세의 경우 증여한 배우자 직계존비속의 취득일로부터 소급하여 계산
적용한도	국내자산을 거주자 또는 비거주자가 양도하는 경우 횟수와 관계없이 공제
입주권	조합원입주권의 경우 보유기간은 종전 토지 건물 취득일로부터 관리처분인가일까지로 한다.

☞ 장기보유특별공제는 법령이 정하는 비사업용 토지에 해당하는 경우에는 적용되지 아니한다. (×)

☞ 장기보유특별공제는 등기된 토지 또는 건물로서 그 자산의 보유기간이 3년 이상인 것 및 조합원입주권(조합원으로부터 취득한 것 제외)에 대하여 적용한다. (○)

☞ 장기보유특별공제 계산시 해당 자산의 보유기간은 그 자산의 취득일부터 양도일까지로 하지만 「소득세법」 제97조 제4항에 따른 배우자 또는 직계존비속간 증여재산에 대한 이월과세가 적용되는 경우에는 증여한 배우자 또는 직계존비속이 해당 자산을 취득한 날부터 기산한다. (○)

☞ 거주자가 국외 주택을 양도한 경우 양도일까지 계속해서 5년간 국내에 주소를 둔 경우 양도소득금액 계산시 장기보유특별공제가 적용된다. (×)

(2) 양도소득기본공제

공제대상	과세대상 전부 + 보유기간에 무관
공제배제	미등기 양도자산
공제액 계산	소득별로 각각 양도소득금액에서 연 250만원 한도
공제방법	먼저 양도하는 자산부터 순차적으로 감면소득금액 외의 양소득금액에서 먼저 공제
적용한도	국내자산을 거주자 또는 비거주자 ⇨ 공유재산의 경우 공유자 각각 공제

☰ 소득별

  1. 토지, 건물, 부동산에 관한 권리, 기타자산

  2. 주식 등

  3. 파생상품

  4. 신탁수익권

① 감면소득금액이 있는 경우 기본공제는 감면소득금액 외의 소득금액에서 먼저 공제하고 감면소득금액 외의 소득금액에서는 먼저 양도한 순서대로 공제한다.

② 양도소득금액은 소득별로 구분하여 계산하되 소득금액시 발생하는 결손금은 다른 호의 소득금액과 합산하지 아니한다.

③ 국외자산 양도시 장기보유특별공제는 적용하지 않지만 양도소득기본공제는 적용한다.

☞ 양도소득세 과세대상인 국내 소재의 등기된 토지와 건물을 같은 연도 중에 양도시기를 달리 하여 양도한 경우에도 양도소득기본공제는 연 250만원을 공제한다. (○)

☞ 미등기 양도시 양도차익과 양도소득금액 과세표준이 동일하다. (○)

☞ 국내 거주자가 토지와 주식을 양도하는 경우 각각 발생한 결손금은 양도소득금액 계산시 이를 통산한다. (×)

4. 미등기 양도자산

(1) **미등기 양도자산에 대한 불이익**(필요경비개산공제는 적용)

  ① 양도소득세 비과세, 감면규정을 적용받지 못한다.

  ② 장기보유특별공제, 양도소득기본공제 배제

  ③ 70% 세율 적용

(2) **미등기 양도자산에서 제외되는 자산**

  ① 장기할부조건으로 취득한 경우로서 계약조건에 의해 양도 당시 취득에 관한 등기가 불가능한 자산

  ② 법률의 규정, 법원의 결정에 의한 등기 불가능한 자산

  ③ 비과세 요건을 충족하는 농지의 교환 또는 분합으로 인하여 발생하는 소득 및 감면요건을 충족하는 농지

  ④ 비과세를 충족하는 1세대 1주택으로 건축법상 건축허가를 받지 아니하여 등기 불가능한 자산

⑤ 도시개발법에 따른 도시개발사업이 종료되지 않아 토지 취득 등기를 하지 아니하고 양도하는 토지

⑥ 건설업자가 도시개발법에 따라 공사용역 대가로 취득한 체비지를 토지구획 환지처분공고 전에 양도하는 토지

☞ 미등기 양도의 경우 장기보유특별공제와 양도소득기본공제를 받을 수 있는 경우도 있다. (○)

☞ 미등기 양도의 경우 항상 장기보유특별공제와 양도소득기본공제를 적용하지 아니한다. (×)

■ 장기보유특별공제와 양도소득기본공제의 비교

구 분	장기보유특별공제 (거주자, 비거주자)	양도소득기본공제 (거주자, 비거주자)
대상자산	토지, 건물, 조합원입주권	모든 과세대상자산
보유기간	3년 이상 보유시	보유기간 불문
미등기시	공제 불가능	공제 불가능
비사업용 토지	공제 가능	공제 가능
공제 횟수	양도시마다 자산별 공제	소득별로 연 250만원
국외자산 양도시	공제 불가능	공제가능

■ 양도차익 및 장기보유특별공제에 대한 산식(비과세 요건을 충족한 고가주택)

1. 고가주택의 양도차익의 계산 산식

   (일반적인) 양도차익 × (양도가액 − 12억원/양도가액)

2. 고가주택의 장기보유특별공제액의 계산 산식

   (일반적인) 장기보유특별공제 × (양도가액 − 12억원/양도가액)

테마 31 / 세 율

구 분		세 율
토지, 건물, 부동산에 관한권리	2년 이상 보유	6~45%
	2년 이상 보유(비사업용 토지)	16~55%
	1년 미만 보유	50%
	1년 이상 ~ 2년 미만 보유	40%
	미등기 양도자산	70%
기타자산(보유기간, 등기여부 무관)		6~45%

1. 주택, 조합원입주권, 분양권

구 분		주택, 조합원입주권	분양권
보유 기간	1년 미만	70%	70%
	1년 이상 ~ 2년 미만	60%	60%
	2년 이상	6~45%	

2. 보유기간 특례

① 상속의 경우 **세율 적용시** 보유기간 산정시 취득시기는 피상속인이 취득한 날로부터 기산한다(원칙은 상속개시일).

② 배우자 또는 직계존비속으로부터 증여받은 자산을 **10년** 이내 양도시 증여한 배우자 또는 직계존비속이 당해 자산을 취득한 날로부터 기산한다.

▣ 배우자 증여재산에 대한 이월과세와 특수관계자 증여재산에 대한 부당행위계산부인의 비교

구 분	배우자 증여재산에 대한 이월과세	특수관계인 증여재산에 대한 부당행위계산의 부인
증여자와 수증자와의 관계	배우자 · 직계존비속	특수관계인
과세대상자산	토지 · 건물 · 특정시설물이용권 · 부동산을 취득할 수 있는 권리	양도소득세 과세대상 자산
수증일로부터 양도일까지의 기간	증여 후 10년 이내	증여 후 10년 이내
납세의무자	수증받은 배우자, 직계존비속 (수증자)	당초 증여자
증여세	필요경비에서 공제	환급
연대납세의무	없음	있음

▣ 특수관계인 간 저가양도 및 고가양수

시가와 거래가액의 차액이 3억원 이상이거나 시가의 100분의 5 이상인 경우 그 취득가액 또는 양도가액을 시가에 의해 계산한다.

테마 32 비과세

1. 지적재조사 사업 과정에서 지적공부상 면적이 감소되어 조정금을 받는 경우 해당 조정금

2. 파산선고로 인한 처분소득

3. 농지의 교환 및 분합으로 인한 소득
   ① 교환농지의 차액 - 가액의 큰 편의 1/4 이하
      ☞ 농지를 교환할 때 쌍방 토지가액의 차액이 가액이 큰 편의 3분의 1인 경우 발생하는
      소득은 비과세된다. (×)
   ② 경작상 필요(3년 이상 재촌자경시)
      ㉠ 3년 이내 수용시 자경인정
      ㉡ 피상속인이 사망시 상속인이 경작하면 피상속인의 경작기간 통산
      ▤ 농지 소재지
         1. 농지가 소재하는 시·군·구 안의 지역
         2. 1.의 지역과 연접한 시·군·구 안의 지역
         3. 농지로부터 직선거리 30킬로미터 이내에 있는 지역
   ③ 교환 분합 사유
      ㉠ 국가 등이 시행하는 사업으로 인한 교환 분합
      ㉡ 국가 등이 소유하는 토지와 교환 분합
      ㉢ 「농지법」 등에 의하여 교환 분합
      ㉣ 경작상 필요
   ④ 비과세 배제
      ㉠ 주거지역 등으로 편입된지 3년이 지난 농지
      ㉡ 환지예정지 지정일로부터 3년이 지난 농지

테마 33 │ 1세대 1주택 비과세

1. 1세대 1주택의 비과세

(1) 1세대 요건(부부는 별도 세대를 구성해도 항상 동일 세대원으로 본다)

1세대란 "거주자 및 그 배우자(법률상 이혼을 하였으나 생계를 같이 하는등 사실상 이혼한 것으로 보기 어려운 관계 포함)가 있는 경우. 단, 다음에 해당하는 경우에는 배우자가 없는 때에도 이를 1세대로 본다.

---

① 당해 거주자의 연령이 30세 이상

② 배우자가 사망하거나 이혼한 경우

③ 「소득세법」상 소득이 국민기초생활보장법에 따른 기준중위 소득 100 분의 40 이상의 경우

■ 미성년자의 경우 항상 1세대가 될 수 없다 × : 미성년자가 혼인하거나 또는 가족이 사망한 경우 예외

---

(2) 주택의 범위

① 상시 주거용으로 사용하는 건물을 말하며 그 용도의 구분은 공부상의 용도에 불구하고 사실상의 용도에 따른다(상시주거목적이 아닌 콘도미니엄 합숙소 ×).

■ 주택부수토지

도시지역			도시지역 밖
수도권		수도권 밖	
주거, 상업, 공업지역	녹지지역	5배	10배
3배	5배		

② 겸용주택(고가주택은 면적과 무관하게 주택부분만 주택)

구 분	건 물	부수토지
주택면적 > 주택 외의 면적	전부를 주택으로 본다.	전부를 주택의 부수토지로 본다.
주택면적 ≤ 주택 외의 면적	주택만 주택으로 본다.	주택부분만 부수토지로 본다.

③ 다가구주택

다가구주택을 구획된 부분별로 양도하지 아니하고 하나의 매매단위로 양도하는 경우에는 그 전체를 하나의 주택으로 본다.

재산세	1가구가 독립하여 구분사용할 수 있도록 구획된 부분은 1구의 주택으로 본다.
종합부동산세	1주택으로 본다.
(임대)소득세	1개의 주택으로 보되, 구분 등기된 경우에는 각각을 1개의 주택으로 계산

☞ 「건축법 시행령」에 따른 다가구주택은 해당 다가구주택을 구획된 부분별로 분양하지 아니하고 하나의 매매단위로 하여 양도하는 경우 그 구획된 부분을 각각 하나의 주택으로 본다. (×)

④ 공동소유주택 ⇨ 1주택을 여러사람이 공동으로 소유한 경우 주택수 계산할 때 공동소유자 각자가 그 주택을 소유한 것으로 본다.

종합부동산세	공동소유자 각자가 그 주택을 소유한 것으로 본다.
소득세(임대)	지분이 가장 큰 자가 소유로 계산하되, 지분이 가장 큰 자가 2 이상인 경우에는 각각의 소유로 계산(합의한 경우에는 그의 소유로 계산)

테마 34 / 1세대 1주택 특례

▤ (예외) 1세대 1주택 특례규정(비과세 규정을 적용한다 : ○, 비과세한다 : ×)

① 일시적인 1세대 2주택 : 일반주택 취득 후 1년 이상 지난 후 새로운 주택을 취득하고 종전주택을 3년 이내 양도
② 세대를 합친 경우 : 먼저 양도하는 주택
  ㉠ 결혼 : 혼인한 날부터 5년 이내 양도
    ▤ 무주택자가 부모와 동거봉양 중 혼인의 경우 포함
  ㉡ 동거봉양 : 세대를 합친 날부터 10년 이내 양도
③ 상속으로 인한 1세대 2주택 보유시 : 일반주택(상속개시일로부터 소급하여 2년 이내에 피상속인으로부터 증여받은 주택 또는 증여받은 조합원 입주권에 의하여 사업시행완료 후 취득한 신축 주택은 제외)의 양도(상속주택은 과세)
  ▤ 기간과 무관하게 일반 주택을 양도하면 된다.
④ 일반주택과 지정문화재 주택을 각각 소유하는 경우 : 일반주택의 양도
⑤ 일반주택과 농어촌 주택을 각각 소유한 경우 : 일반주택(5년 이내 양도)의 양도
⑥ 실수요 목적으로 1세대 2주택 취학 근무상 형편 질병의 요양 그 밖에 부득이한 사유로 취득한 수도권 밖에 소재하는 주택과 일반주택 보유시 : 일반주택 양도(3년 이내 양도시) 1세대 1주택으로 본다.

테마 35 / 보유기간

1. 양도일 현재
2년 이상 보유(조정대상 지역은 2년 이상 거주)
① 단, 조정대상지역 공고일 이전에 매매계약을 체결하고 계약금을 지급한 사실이 증빙서류에 의하여 확인되는 경우로 해당 거주자가 계약금 지급일 현재 주택을 보유하고 있지 않은 경우 조정대상지역의 거주기간의 제한을 받지 아니한다.

② 다음의 경우는 보유기간 또는 거주기간의 제한을 받지 아니한다.

> ㉠ 임대주택법에 의한 건설임대주택을 취득하여 양도하는 경우로서 당해 건설임대주택의 임차일부터 당해 주택의 양도일까지의 거주기간이 5년 이상인 경우
>
> ㉡ 주택 및 그 부수토지의 전부 또는 일부가 공익사업을 위한 토지 등의 취득 및 보상에 관한 법률이 적용되는 공공사업용으로 당해 공공사업의 시행자에게 양도 또는 기타 법률에 의하여 수용되는 경우(수용일부터 5년 이내에 양도하는 그 잔존주택 및 그 부수토지를 포함하는 것으로 한다)
>
> ㉢ 해외이주법에 의한 해외이주로 세대전원이 출국하는 경우 및 1년 이상 계속하여 국외거주를 필요로 하는 취학 또는 근무상의 형편으로 세대전원이 출국하는 경우. 다만, 출국 후 2년 이내 양도하는 경우에 한한다.
>
> ㉣ 1년 이상 거주한 주택을 기획재정부령이 정하는 취학(유·초·중 제외), 근무상의 형편, 질병의 요양, 학교폭력등 기타 부득이한 사유로 타 시·군으로 이주하는 경우

■ 보유기간 계산

1. 소실, 무너짐, 노후 등으로 인하여 멸실되어 재건축한 주택 : 멸실된 주택과 재건축한 주택에 대한 기간을 통산한다. 이때, 재건축 공사 기간은 포함하지 않는다.
2. 재개발, 재건축으로 완공한 주택(도시 및 주거환경정비법) : 주택의 보유기간, 공사기간, 재건축 후의 보유 기간을 통산한다.
3. 비거주자가 해당 주택을 3년 이상 계속 보유하고 그 주택에서 거주한 상태로 거주자로 전환된 경우에는 해당 주택에 대한 거주기간 및 보유기간을 통산한다.
4. 상속받은 주택으로 상속인과 피상속인이 상속개시 당시 동일세대인 경우에는 피상속인과 상속인이 동일세대로 거주하고 보유한 기간 통산한다.

☞ 거주 혹은 보유 중에 소실 등으로 인하여 멸실되어 재건축한 주택은 그 멸실된 주택과 재건축한 주택에 대한 기간을 통산하여 거주 또는 보유기간을 계산한다. (○)

☞ 1세대 1주택으로서 1년 이상 거주한 주택을 법령이 정하는 취학 등 기타 부득이한 사유로 양도하는 경우에는 보유기간의 제한을 받지 아니한다. (○)

☞ 직장의 변경으로 세대 전원이 다른 시로 주거를 이전하는 경우 6개월간 거주한 1주택을 양도하면 비과세된다. (×)

☞ 양도일 현재 「임대주택법」에 의한 건설임대주택 1주택만을 보유하는 1세대는 당해 건설임대주택의 임차일부터 당해 주택의 양도일까지의 거주기간이 5년 이상인 경우 보유기간 요건을 충족하지 않더라도 비과세한다. (○)

테마 36 비과세 지문 정리

1. 대지와 건물을 동일한 세대구성원이 각각 소유하고 있는 경우에도 1세대 1주택으로 본다.
2. 2 이상의 주택을 같은 날에 양도하는 경우에는 거주자가 선택한 순서에 따라 양도한 것으로 본다.
3. 1세대 1주택 소유자가 건물이 정착되지 아니한 부분의 토지만 분할하여 양도하는 경우에는 토지는 주택 부속토지로 보지 아니한다.
4. 매수자의 등기지연으로 공부상 2주택인 경우에는 매매계약서등에 의하여 매매사실이 확인되는 경우에는 1세대 1주택으로 본다.
5. 건축법에 의한 건축허가를 받지 아니하고 건축한 주택을 양도한 경우는 1세대 1주택의 요건을 갖추 경우에는 비과세를 적용한다.
6. 부부가 각각 세대를 달리 구성하는 경우에도 동일한 세대로 본다.

테마 37 부과징수

1. 신고 · 납부 및 가산세(양도차익이 없거나 차손이 발생한 경우에도 신고를 하여야 한다)

(1) **예정신고와 납부**(신고 × : 가산세)

① 토지 건물 부동산에 관한 권리 기타자산 : 양도일이 속하는 달의 말일부터 2개월 이내에 신고

② 주식 : 양도일에 속하는 반기말 2월 이내 신고

③ 토지거래허가구역 내 토지 허가 전 대금청산시 ⇨ 허가일(허가 전 구역지정이 해제된 경우에는 해제일)이 속하는 달 말일부터 2월 이내

④ 부담부증여의 채무액에 해당하는 부분으로서 양도로 보는 경우에는 그 양도일이 속하는 달의 말일부터 3개월 이내 예정신고를 하여야 한다.

⑤ 수시부과세액이 있는 경우에는 이를 공제하고 납부한다.

(2) **확정신고와 납부**(과세표준이 없거나 결손금액이 있는 때에도 신고를 하여야 한다) : 다음 연도 5월 1일부터 5월 31일까지[허가구역에서 허가받기 전에 대금을 청산한 경우 허가일(허가 전 구역 지정이 해제된 경우 해제일)이 속하는 과세기간의 다음연도]

(3) **예정신고한 자 중 확정신고 대상자**(예정신고한 경우 확정신고를 하지 아니할 수 있다. 다만, 다음의 경우에는 확정신고를 하여야 한다) : 해당 과세기간 중 누진세율 적용대상 자산에 대한 예정신고를 2회 이상 한 자가 법 제107조 제2항의 규정에 따라 이미 신고한 양도소득금액과 합산하여 신고하지 아니한 경우

☞ 양도차익이 없거나 양도차손이 발생한 경우에는 양도소득세 예정신고를 할 필요가 없다. (×)

2. 가산세

(1) **신고불성실 가산세**

 ① 무신고 : 20%, 과소신고 : 10%

 ② 부정 무신고 : 40%, 부정과소신고 : 40%

(2) **납부지연 가산세** : ㉠ + ㉡

 ① 1일 22/100,000

 ② 납세고지 후 납부하지 않은 경우 : 3%

  ■ 소득세법에 따른 예정신고와 관련하여 가산세가 부과되는 경우에는 확정신고납부와 관련한 가산세를 부과하지 아니한다(가산세 이중과세 방지).

(3) 예정신고를 하지 않은 경우 확정신고기한까지 신고한 경우 가산세를 100분의 50을 경감한다.

(4) **환산취득가액에 따른 가산세**

 거주자가 건물을 신축 또는 증축(바닥면적 85m² 초과)하고 그 신축 또는 증축한 건물의 취득일로부터 5년 이내에 해당 건물을 양도하는 경우로서 환산취득가액 또는 감정가액을 그 취득가액으로하는 경우에는 해당 건물 환산취득가액 또는 감정가액의 100분의 5에 해당하는 금액을 양도소득 결정세액에 더한다.

 ☞ 건물을 신축하고 그 신축한 건물의 취득일로부터 5년 이내에 해당 건물을 양도하는 경우로서 취득 당시의 실지거래가액을 확인할 수 없어 환산취득가액을 그 취득가액으로 하는 경우에는 양도소득세 산출세액의 100분의 5에 해당하는 금액을 양도소득 결정세액에 더한다. (×)

 ☞ 예정신고를 하지 않은 경우 확정신고를 하면, 예정신고에 대한 가산세는 부과되지 아니한다. (×)

 ☞ 양도소득세 납세자가 국내 거주자인 경우 그 납세지는 양도 물건의 소재지이다. (×)

3. 분납(물납은 폐지되었음) : 예정신고와 확정신고 모두 분납이 가능하다.

(1) **분납** : 납부세액이 1,000만원 초과시

 ① 납기 후 2개월 이내

 ② 세액이 2,000만원 이하 : 1,000만원 초과금액 분납가능

 ③ 세액이 2,000만원 초과 : 50% 이하 금액 분납가능

 ☞ 양도소득세의 분할납부는 예정신고납부시에는 적용되지 않고 확정신고납부시에만 적용된다. (×)

 ☞ 거주자가 양도소득세 확정신고에 따라 납부할 세액이 3천600만원인 경우 최대 1천800만원까지 분할납부할 수 있다. (○)

4. 부가세

농어촌특별세 : 감면세액의 20%

■ 납부세액에 대해 부가되던 지방소득세는 부가세가 아니다.

5. 결정 · 경정 및 징수

(1) 결 정

예정신고 또는 확정신고를 이행하지 아니한 자는 납세지 관할세무서장 또는 지방국세청장이 양도소득 과세표준과 세액을 결정한다.

(2) 경 정

예정신고 또는 확정신고를 한 자의 신고내용에 탈루 또는 오류가 있는 경우에는 양도소득 과세표준과 세액을 경정한다.

(3) 징수와 환급

① 예정 · 확정신고 후 미납시 : 국세징수법에 따라 징수

② 결정 · 경정에 의한 징수 : 거주자에게 알린 날로부터 30일 이내 징수

6. 국외자산 양도

■ 국내자산 양도와 국외자산 양도와의 차이점

구 분	국내자산 양도	국외자산 양도
거주자	국내에 주소 또는 1과세기간 중 183일 이상 거소를 둔 자	양도일 현재 계속하여 국내에 5년 이상 주소 또는 거소를 둔 자
미등기	중과세(70%)	중과세 없음
장기보유특별공제	적용	적용 안함
기본공제	적용	적용
세 율	① 미등기 부동산 : 70% ② 토지 건물 부동산에 관한 권리 : 보유기간에 따라 차등적용	① 미등기 세율 적용은 없다. ② 토지 건물 부동산에 관한 권리 : 비례세율 및 할증과세 없음
분납과 물납	분납은 가능하나 물납은 적용 안함	분납 가능하나 물납은 적용 안함

① 납세의무자 : 해당 자산의 양도일까지 계속 5년 이상 국내에 주소 또는 거소를 둔 자

② 미등기 중과세를 적용하지 아니한다.

③ 장기보유특별공제를 적용하지 아니한다.

④ 양도소득기본공제는 적용한다.

⑤ 양도가액은 해당 자산의 양도당시 실지거래가액으로 한다. 다만, 양도당시 실지거래가액을 확인할 수 없는 경우 양도 자산이 소재하는 국가의 양도당시 현황을 반영한 시가에 의한다.

⑥ 양도차익의 외화환산의 규정에 의하여 양도차익을 계산함에 있어서는 양도가액 및 필요경비를 **수령하거나 지출한 날** 현재 외국환거래법에 의한 기준환율 또는 재정환율에 의하여 계산한다.

⑦ 국외자산에 대하여 외국에서 납부하였거나 납부할 세액이 있는 경우 산출세액에서 공제하거나 필요경비에 산입하는 방법 중 하나를 선택하여 적용할 수 있다.

⑧ 양도소득이 있는 국외에서 외화를 차입하여 취득한 자산을 양도하여 발생하는 소득으로서 환율변동으로 인한 환차익을 포함하고 있는 경우 해당 환차익은 양도소득 범위에서 제외한다.

☞ 국외자산의 양도시에 외국에서 납부한 국외자산 양도소득세액은 국내에서 납부할 세액 계산시에 공제할 수 있다. (○)

☞ 국외자산 양도의 경우 양도차익 계산시 필요경비의 외화환산은 지출일 현재 「외국환거래법」에 의한 기준환율 또는 재정환율에 의한다. (○)

☞ 국외자산 양도의 경우 미등기 국외 토지에 대한 양도소득 세율은 70%이다. (×)

☞ 국외자산 양도의 경우 장기보유특별공제는 국외자산의 보유기간이 3년 이상인 경우에만 적용된다. (×)

☞ 국외자산 양도의 경우 양도가액은 실지거래가액이 있더라도 양도 당시 현황을 반영한 시가에 의하는 것이 원칙이다. (×)

☞ 비거주자가 국외 토지를 양도한 경우 양도소득세 납세의무가 없다. (○)

☞ 국외 자산 양도시에도 양도소득 기본공제를 적용한다. (○)

MEMO

02

실전문제

실전문제

01 다음 조세에 대한 설명으로 바르지 않은 것은?

① 부동산의 취득과 보유와 양도 단계에 공통으로 과세되는 조세로서 농어촌특별세, 부가가치세, 지방소비세가 있다.

② 지방교육세는 지방세이면서 목적세이고 부가세인 조세이다.

③ 납세의무자란 세법에 의하여 국세 또는 지방세를 납부할 의무가 있는 자(원천징수의무자 및 특별징수의무자 포함)를 말한다.

④ 취득세, 등록면허세, 종합부동산세, 양도소득세는 농어촌특별세가 부가세로 부과될 수 있지만 재산세는 농어촌특별세와 관련이 없다.

⑤ 재산세는 납부세액이 250만원 초과의 경우 3개월 이내 종합부동산세는 250만원 초과의 경우 6개월 이내 양도소득세는 1,000만원 초과의 경우 2개월 이내 분할납부가 가능하다.

02 다음 조세에 관한 내용으로 틀린 것은?

① 과세표준이 증가하면 세율도 점차 증가하는 세율을 누진세율이라 하며 재산세, 종합부동산세(법인 : 주택은 제외), 양도소득세가 이에 해당한다.

② 지방자치단체 징수금이란 지방세와 체납처분비를 말하여 이 경우 지방세 ⇨ 체납처분비 ⇨ 가산세 순서로 징수한다.

③ 강제징수비란 국세징수법 중 강제징수에 관한 규정에 따른 재산의 압류, 보관, 운반과 매각에 든 비용을 말한다.

④ 재산세 도시지역 분은 물납은 가능하지만 부가세 대상은 아니다.

⑤ 시효의 진행 중에 권리의 행사로 볼 수 있는 사유가 발생하면 그때까지 진행되어 온 시효기간이 그 효력을 잃어버리게 되는데 이것을 소멸시효의 중단이라 한다.

03 각 세목별 물납과 분할납부에 대한 설명으로 옳은 것은?

① 재산세 납부세액이 400만원인 경우, 100만원은 납부기한이 지난 날부터 2개월 이
  내에 분납할 수 있다.

② 종합부동산세 납부세액이 1천민원을 초과하는 경우 물납이 가능하다.

③ 재산세 납부세액이 1천만원을 초과하는 경우에만 물납과 분납이 가능하다.

④ 재산세 병기 고지되는 소방분에 대한 지역자원시설세의 경우에도 재산세를 분할
  납부하는 경우 분납이 가능하다.

⑤ 양도소득세 예정신고납부시 납부할 세액이 1천600만원인 경우, 최대 800만원을 납
  부기한이 지난 날부터 2개월 이내에 분납하게 할 수 있다.

04 국내 소재 부동산의 양도단계에서 부담할 수 있는 세목은 모두 몇 개인가?

㉠ 농어촌특별세	㉡ 소방분 지역자원시설세
㉢ 지방소득세	㉣ 인지세
㉤ 종합소득세	㉥ 지방교육세

① 1개   ② 2개   ③ 3개   ④ 4개   ⑤ 5개

05 다음 중 조세에 대한 설명으로 옳은 것은 모두 몇 개인가?

㉠ 납세자와 담세자가 일치하는 조세를 간접세라 한다.

㉡ 종합부동산세는 무신고가산세는 부과되지 않지만 과소신고가산세는 부과할 수 있다.

㉢ 과세표준신고서를 법정신고기한까지 제출하지 아니한 자가 신고기한이 지난 후 2개
  월이 되는 때 기한 후 신고를 한 경우 해당 가산세액의 100분의 30을 경감한다.

㉣ 세율이 금액으로 표시되면 정액세율, 비율로 표시되면 정률세율이라 한다.

㉤ 과세표준이 금액으로 표시되면 종량세 무게·수량·건수 등으로 표시되면 종가세
  이다.

㉥ 지방세 체납액이 5천만원(가산세는 제외한 금액) 이상인 경우 징수권의 소멸시효
  는 이를 행사할 수 있는 때로부터 10년이다.

㉦ 납부, 충당, 부과철회, 제척기간의 만료, 소멸시효의 완성은 납세의무 소멸사유이다.

㉧ 등록면허세의 경우 지방세 중 특별시세에 해당하는 조세이다.

㉨ 과세권자가 징수권을 일정기간 행사하지 않는 경우 징수권이 소멸시키는 것을 소
  멸시효라 하며 납세고지, 독촉, 납부최고, 압류, 교부청구는 시효중단 사유에 해당
  하고 제척기간의 경우에는 중단과 정지사유가 없다.

① 1개   ② 2개   ③ 3개   ④ 4개   ⑤ 5개

06. 다음 중 납세의무 성립시기와 확정시기에 대한 설명으로 옳은 것은 몇 개인가?

> ㉠ 지방교육세는 그 과세표준이 되는 세목의 납세의무가 성립하는 때 납세의무가 성립하고 수시부과에 의해 징수하는 재산세는 과세기준일에 납세의무가 성립한다.
> ㉡ 종합부동산세는 과세기간이 끝나는 때 납세의무가 성립하고 납세의무자가 신고하는 때 납세의무가 확정된다.
> ㉢ 소득세는 소득이 발생하는 때 납세의무가 성립되며 납세의무자가 신고하는 때 납세의무가 확정된다.
> ㉣ 취득세는 과세물건을 취득한 때 납세의무가 성립하고 납세의무자의 신고가 없는 경우에는 과세권자가 결정하는 때 납세의무가 확정된다.
> ㉤ 재산세는 과세기준일에 납세의무가 확정된다.
> ㉥ 중간예납하는 소득세는 매년 6월 30일에 납세의무가 성립한다.
> ㉦ 지방소득세는 소득세 법인세 납세의무가 성립하는 때 납세의무가 성립한다.
> ㉧ 개인분 또는 사업소분 주민세는 과세기준일(매년 7월 1일)에 납세의무가 성립한다.

① 1개　　　　　② 2개　　　　　③ 3개
④ 4개　　　　　⑤ 5개

07 지방세는 법령으로 정하는 바에 따라 부과할 수 있는 날부터 일정한 기간이 만료되는 날까지 부과하지 아니한 경우에는 부과할 수 없다. 「지방세기본법」에서 규정하고 있는 부과의 제척기간에 관한 설명으로 옳은 것은?

① 납세자가 사기나 그 밖의 부정한 행위로 지방세를 포탈하거나 환급 · 공제 또는 감면받은 경우: 15년
② 상속을 원인으로 취득하는 경우로서 납세자가 법정신고기한까지 과세표준 신고서를 제출하지 아니한 경우: 7년
③ 「부동산 실권리자명의 등기에 관한 법률」 제2조 제1호에 따른 명의신탁약정으로 실권리자가 사실상 취득하는 경우로서 납세자가 법정신고기한까지 과세표준신고서를 제출하지 아니한 경우: 10년
④ 증여(부담부증여를 포함한다)를 원인으로 취득하는 경우로서 납세자가 법정신고기한까지 과세표준 신고서를 제출하지 아니한 경우: 15년
⑤ 타인의 명의로 법인의 주식 또는 지분을 취득하였지만 해당 주식 또는 지분의 실권리자인 자가 과점주주가 되어 해당 법인의 부동산 등을 취득한 것으로 보는 경우로서 납세자가 법정신고기한까지 과세표준 신고서를 제출하지 아니한 경우: 15년

08 다음 중 법정기일과 제척기간 기산일에 대한 설명으로 옳지 않은 것은?

① 과세표준과 세액을 신고하는 조세의 경우 신고기한의 다음 날이 제척기간의 기산일이다.

② 종합부동산세의 제척기간 기산일은 납세의무성립일이다.

③ 과세표준과 세액을 지방자치단체의 장이 결정, 경정하는 경우 고지한 해당 세액에 대하여는 납세고지서 발송일이 법정기일이다.

④ 과세표준과 세액의 신고에 의하여 납세의무가 확정되는 조세의 경우 그 신고기한의 다음 날이 법정기일이다.

⑤ 2024년분 재산세 납세의무는 2029년 5월 31일까지 지방자치단체가 부과하지 아니하면 소멸한다.

09 국세기본법 및 지방세기본법상 조세채권과 일반 채권의 관계에 관한 설명으로 틀린 것은?

① 납세담보물 매각시 압류에 관계되는 조세채권은 담보있는 조세채권보다 우선한다.

② 주택의 경우 확정일자를 받은 임차보증금 또는 전세권이 설정된 재산이 국세의 강제징수 또는 경매절차를 통해 매각되어 그 매각대금에서 국세를 징수하는 경우 그 확정일자 또는 설정일보다 법정기일이 늦은 해당 재산에 대하여 부과된 상속세, 증여세, 종합부동산세, 재산세의 우선징수 순서에 대신하여 변제될 수 있다.

③ 취득세 신고서를 납세지 관할 지방자치단체장에게 제출한 날 전에 저당권 설정 등기 사실이 증명되는 재산을 매각하여 그 매각대금에서 취득세를 징수하는 경우 저당권에 따라 담보된 채권은 취득세에 우선한다.

④ 강제집행으로 부동산을 매각할 때 그 매각금액 중에 국세를 징수하는 경우 강제집행 비용은 국세에 우선한다.

⑤ 재산의 매각대금 배분시 당해 재산에 부과된 재산세는 당해 재산에 설정된 저당권에 따라 담보된 채권보다 우선한다.

10 다음 중 가산세에 대한 설명으로 옳지 않은 것은?

① 가산세는 해당 의무가 규정된 세법의 해당 국세 또는 지방세의 세목으로 하고, 해당 국세 또는 지방세를 감면하는 경우에는 가산세도 감면대상에 포함한다.

② 가산세는 납부할 세액에 가산하거나 환급받을 세액에서 공제한다.

③ 납세의무자가 법정신고기한까지 「종합부동산세법」에 따른 과세표준 신고를 하지 아니한 경우 정부부과로 확정되기 때문에 무신고가산세를 부과하지 않는다.

④ 재산세를 납부기한까지 납부를 하지 아니한 경우에는 100분의 3의 납부지연가산세가 부과된다.

⑤ 가산세란 세법에서 규정하는 의무의 성실한 이행을 확보하기 위하여 의무를 이행하지 아니할 경우에 산출한 세액에 가산하여 징수하는 금액을 말한다.

11 부동산 관련 세목의 법정신고기한 또는 납기에 관한 설명으로 틀린 것은?

① 부담부증여로 인한 취득세의 법정신고기한은 취득일이 속한 달의 말일부터 3개월 이내이다.

② 주택에 대한 토지분 재산세의 납기는 매년 9월 16일부터 9월 30일까지이다.

③ 등록면허세 법정신고기한은 등기·등록을 하기 전까지이다.

④ 건물에 대한 양도소득세의 과세표준 확정신고기한은 양도소득이 있는 연도의 다음 연도 5월 31일이다.

⑤ 종합부동산세의 법정신고기한은 납세의무자가 신고납부 방식을 택하는 경우 당해 연도 12월 15일이다.

12 지방세법상 취득세에 대한 설명으로 옳은 것은?

① 매매·교환·법인에 대한 현물출자·건축·개수 등과 기타 이와 유사한 취득으로서 원시취득 또는 유상취득을 말하며 무상승계취득의 경우 취득세를 과세하지 아니한다.

② 취득세는 도세로서 물건의 소재지를 관할하는 도에서 부과함이 원칙이지만 도세 징수 위임에 관한 규정에 따라 시장·군수가 징수하게 된다.

③ 연부취득의 경우 마지막 연부금 지급일 전에 계약을 해제한 경우에 이미 납부한 취득세는 환급하지 아니한다.

④ 토지의 지목을 사실상 변경함으로써 그 가액이 증가나 감소된 경우 그 증감분에 대한 취득이 있는 것으로 본다.

⑤ 차량, 기계장비, 항공기, 선박, 광업권, 어업권의 원시취득의 경우에도 취득으로 보아 과세한다.

13 「지방세법」상 과점주주의 취득세 납세의무에 관한 설명으로 틀린 것은?

① 과점주주 집단내부 및 특수관계자 간의 주식이 이전되었으나 과점주주 집단이 소유한 총주식의 비율에 변동이 없는 경우에 취득세 납세의무가 없다.

② 개인이 새로 취득한 지분비율이 50%인 경우에 취득세 납세의무가 없다.

③ 개인이 비상장법인 설립시 60% 지분을 취득한 경우에 취득세 납세의무가 있다.

④ 다른 주주의 주식이 감자됨으로써 비상장법인의 지분비율이 60%에서 70%로 증가한 경우에 취득세 납세의무가 없다.

⑤ 이미 과점주주가 된 주주가 해당 법인의 주식을 취득하여 해당 법인의 주식의 총액에 대한 과점주주가 가진 주식의 비율이 증가된 경우에는 그 증가분을 취득으로 보아 취득세를 부과한다. 이 경우 증가된 후의 주식의 비율이 해당 과점주주가 이전에 가지고 있던 주식의 최고비율보다 증가되지 아니한 경우에는 취득세를 부과하지 아니한다.

14 다음은 취득세를 과세함에 있어서 취득시기를 설명한 것이다. 옳은 것은 몇 개인가?

> ㉠ 개인 간 건축물의 유상승계 취득의 경우 그 계약상잔금지급일을 취득일로 본다.
> ㉡ 관계 법령에 따라 매립 간척 등으로 토지를 원시취득하는 경우로서 공사준공일 이전에 사실상 사용하는 경우에는 그 사실상 사용일을 취득일로 본다.
> ㉢ 건축물 건축의 경우 사용승인서를 내주는 날 과 사실상 사용일 중 빠른날을 취득일로 본다.
> ㉣ 「주택법」에 따른 주택조합이 주택건설사업을 하면서 조합원으로부터 취득하는 토지 중 조합원에게 귀속되지 아니하는 토지를 취득하는 경우 「주택법」 제49조에 따른 사용검사를 받은 날에 그 토지를 취득한 것으로 본다.
> ㉤ 토지의 지목변경에 따른 취득은 지목변경 전에 사용하는 경우에는 사실상 사용일을 취득일로 본다.
> ㉥ 「도시 및 주거환경정비법」 제35조 제3항에 따른 재건축조합이 재건축사업을 하면서 조합원으로부터 취득하는 토지 중 조합원에게 귀속되지 아니하는 토지를 취득하는 경우에는 「도시 및 주거환경정비법」 제86조 제2항에 따른 소유권이전고시일에 취득한 것으로 본다.
> ㉦ 증여로 취득한 경우에는 증여 받은 날을 취득일로 본다.

① 2개　　　　　　② 3개　　　　　　③ 4개
④ 5개　　　　　　⑤ 6개

15 취득세 납세의무자에 대한 설명으로 옳은 것은?

① 부동산 등의 취득은 등기·등록 등을 하지 아니한 경우에는 사실상 취득한 경우에도 납세의무가 없다.

② 「공간정보의 구축 및 관리 등에 관한 법률」 제67조에 따른 대(垈) 중 「국토의 계획 및 이용에 관한 법률」 등 관계 법령에 따른 택지공사가 준공된 토지에 건축물을 건축하면서 그 건축물에 부수되는 정원 및 부속시설물 등을 조성·설치하는 경우에는 토지소유자가 취득한 것으로 본다.

③ 토지의 지목이 사실상 변경됨으로써 그 가액이 증가한 경우에는 사실상으로 지목이 변경된 시점의 해당 토지의 소유자가 납세의무자가 된다.

④ 「도시개발법」에 따른 되개발사업(환지방식만 해당한다)의 시행으로 토지의 지목이 사실상 변경된 경우 그 환지계획에 따라 공급되는 환지는 사업시행자가 체비지 또는 보류지는 조합원이 각각 취득한 것으로 본다.

⑤ 「도시개발법」에 따른 도시개발사업과 「도시 및 주거환경정비법」에 따른 정비사업의 시행으로 해당 사업의 대상이 되는 부동산의 소유자(상속인을 포함한다)가 환지계획 또는 관리처분계획에 따라 공급받는 건축물은 그 소유자가 승계취득한 것으로 보고 토지상환채권으로 상환받는 토지의 경우에는 그 소유자가 원시취득한 것으로 본다. 이 경우 토지는 당초 소유한 토지 면적을 초과하는 경우로서 그 초과한 면적에 해당하는 부분에 한하여 취득한 것으로 본다.

16 다음 중 취득세 과세표준에 대한 설명으로 옳지 않은 것은?

① 취득세 과세표준은 취득 당시 가액으로 한다. 다만, 연부로 취득하는 경우에는 연부금액(매회 사실상지급되는 금액을 말하며 취득금액에 포함되는 계약보증금을 포함한다)으로 한다.

② 부동산 등을 원시취득하는 경우 취득 당시 가액은 사실상 취득가격으로 한다. 다만, 법인이 아닌 자가 건축물을 건축하여 취득하는 경우로서 사실상 취득가격을 확인할 수 없는 경우에는 취득 당시 가액은 시가표준액으로 한다.

③ 부담부증여의 경우 유상으로 취득한 것으로 보는 채무액에 상당하는 부분(채무부담액)은 시가인정액을 한도로 한다.

④ 부동산 등을 증여로 취득한 경우에는 시가표준액을 취득 당시 가액으로 한다.

⑤ 토지의 지목을 사실상 변경한 경우 취득 당시 가액은 그 변경으로 증가한 가액에 해당하는 사실상 취득가격으로 한다. 다만, 법인이 아닌 자가 토지의 지목을 사실상 변경한 경우로서 사실상 취득가격을 확인할 수 없는 경우에는 지목변경 후 시가표준액에서 지목변경 전 시가표준액을 뺀 가액으로 한다.

17 취득세의 과세표준에 관한 설명이다. 틀린 것은?

① 대물변제의 경우 대물변제액(대물변제액 외의 추가로 지급한 금액이 있는 경우에는 그 금액을 포함한다) 다만 대물변제액이 시가인정액보다 적은 경우 취득 당시가액을 시가인정액으로 한다.

② 부동산 등을 일괄취득 함으로 인하여 부동산에 대한 취득가액이 구분되지 않는 경우 일괄취득가액을 시가표준액의 비율로 안분계산한 금액을 부동산 등의 가액으로 한다.

③ 건설자금이자의 경우 개인과 법인의 경우 모두 취득가격에 포함되지만 연체료, 할부이자와 중개보수의 경우 법인의 경우에만 취득가격에 포함한다.

④ 취득대금을 일시급 등으로 지급하여 일정액을 할인받은 경우에는 그 할인된 금액을 취득가격으로 한다.

⑤ 부가가치세는 취득가격에 포함하지 아니한다.

18 취득세 과세표준에 대한 설명이다. 옳지 않은 것은?

① 부동산을 유상승계로 취득하는 경우 사실상 취득가격을 과세표준으로 한다.

② 부동산을 유상승계로 취득하는 경우로서 특수관계인간의 거래로 그 취득에 대한 조세부담을 부당하게 감소시키는 행위 또는 계산을 한 것으로 인정되는 경우에는 시가표준액을 취득당시가액으로 결정할 수 있다.

③ 부동산 등을 상속으로 취득한 경우 시가표준액을 과세표준으로 한다.

④ 취득물건에 대한 시가표준액이 1억원 이하인 부동산 등을 무상취득(상속은 제외)하는 경우 시가인정액과 시가표준액 중 납세자가 정하는 가액을 취득당시가액으로 한다.

⑤ 증여자의 채무를 인수하는 부담부증여의 경우 유상으로 취득한 것으로 보는 채무인수액에 상당하는 부분에 대해서는 유상승계취득의 과세표준을 적용하고 취득물건의 시가인정액에서 채무부분을 뺀 잔액에 대해서는 무상취득의 과세표준을 적용한다.

19 취득세 표준세율에 대한 설명 중 옳지 않은 것은?

① 상속으로 인한 농지 취득: 1천분의 23

② 사회복지사업법에 따라 설립된 사회복지법인이 독지가의 기부에 의한 건물 취득: 1천분의 28

③ 취득 당시의 가액이 6억원인 1주택을 상속으로 취득한 경우: 1천분의 10

④ 유상거래를 원인으로 인한 농지 외 부동산 취득: 1천분의 40

⑤ 법령으로 정한 비영리사업자의 상속 외의 무상 취득: 1천분의 28

20 「지방세법」상 아래의 부동산 등을 신(증)축하는 경우 취득세가 중과(重課)되지 않는 것은 몇 개인가? (단, 「지방세법」상 중과요건을 충족하는 것으로 가정함)

> ㉠ 병원의 병실
> ㉡ 골프장
> ㉢ 고급주택
> ㉣ 법인 본점의 사무소전용 주차타워
> ㉤ 대도시에서 법인이 사원에 대한 임대용으로 직접 사용할 목적으로 취득한 사원주거용 목적의 공동주택[1구의 건축물의 연면적(전용면적을 말한다)이 60제곱미터 이하임]
> ㉥ 「수도권정비계획법」에 의한 과밀억제권역 안에서 공장을 신설하거나 증설하기 위한 사업용 과세물건

① 1개   ② 2개   ③ 3개
④ 4개   ⑤ 5개

21 다음은 표준세율에서 중과기준세율을 뺀 세율을 적용하는 것으로 옳지 않은 것은?

① 환매등기를 병행하는 부동산의 매매로서 환매기간 내에 매도자가 환매한 경우의 그 매도자와 매수자의 취득

② 건축물의 이전으로 인한 취득(이전한 건축물의 가액이 종전 건축물의 가액을 초과하지 아니함)

③ 상속으로 인한 취득 중 법령으로 정하는 1가구 1주택 및 그 부속토지의 취득

④ 공유물 합유물의 분할으로 인한 취득

⑤ 차량·기계장비·선박의 종류변경으로 가액이 증가한 경우

22 다음 중 중과기준세율을 적용하지 않는 것으로 옳은 것은?

① 존속기간이 1년을 초과하는 임시사용 건축물의 취득

② 「법인세법」 제44조 제2항 또는 제3항에 해당하는 법인의 합병으로 인한 취득

③ 개수로 인한 건축물의 취득(개수로 인하여 면적이 증가하지 아니함)

④ 무덤과 이에 접속된 부속시설물의 부지로 사용되는 토지로서 지적공부상 지목이 묘지인 토지의 취득

⑤ 토지의 지목을 사실상 변경하여 그 가액이 증가한 경우

23 다음은 취득세 세율에 대한 설명으로 틀린 것은?

① 유상, 상속, 증여 등으로 취득하는 부동산이 공유물일 때에는 그 취득지분의 가액을 과세표준으로 하여 각각의 해당 세율을 적용한다.

② 주택을 신축 또는 증축한 이후 해당 주거용 건축물의 소유자(배우자 및 직계존비속을 포함한다)가 해당 주택의 부속토지를 유상 취득하는 경우 주택 유상거래 세율을 적용한다.

③ 조정대상 외의 지역 내 1주택과 분양권을 소유한 1세대가 해당 지역의 주택을 유상으로 취득하는 경우 「지방세법」 제11조 제1항 제7호 나목을 해당 표준세율로 하여 중과기준세율의 100분의 200을 합한 세율을 적용한다.

④ 개수로 인하여 면적이 증가한 경우에는 원시취득으로 보아 28/1,000의 세율을 적용하고 가액이 증가한 경우 간주취득으로 중과기준세율을 적용한다.

⑤ 법인이 주택을 유상승계취득하는 경우 「지방세법」 제11조 제1항 제7호 나목을 해당 표준세율로 하여 중과기준세율의 100분의 400을 합한 세율을 적용한다.

24 취득세 비과세에 대한 설명으로 옳지 않은 것은?

① 신탁재산의 취득 중 주택조합 등과 조합원 간의 부동산 취득 및 주택조합 등의 비조합원용 부동산 취득은 취득세를 부과하지 아니한다.

② 국가·지방자치단체·지방자치단체조합의 취득에 대하여는 취득세를 부과하지 아니한다. 다만, 대한민국 정부기관의 취득에 대하여 과세하는 외국 정부의 취득에 대하여는 그러하지 아니하다.

③ 지방자치단체에 기부채납을 조건으로 부동산을 취득하는 경우라도 그 반대급부로 기부채납 대상물의 무상사용권을 제공받은 때에는 그 해당 부분에 대해서는 취득세를 부과한다.

④ 임시흥행장 공사현장사무소(사치성재산 제외) 등 임시 건축물(존속기간이 1년을 초과하지 않음)의 취득에 대하여는 취득세를 부과하지 아니한다.

⑤ 주택법 규정에 따른 공동주택의 개수(건축법상 대수선 제외)로 인한 취득 중 시가표준액이 9억원 이하인 주택과 관련된 개수로 인한 취득에 대하여는 취득세를 부과하지 아니한다.

25 다음은 취득세의 납세지에 대한 설명이다. 틀린 것은?

① 부동산의 경우는 부동산 소재를 납세지로 한다.

② 취득세는 취득물건의 소재지를 관할하는 특별시, 광역시, 도에서 그 취득자에게 부과하는 도세이다.

③ 취득세는 도세징수의 위임에 관한 규정에 따라 실제로 취득세 부과·징수는 과세대상 물건의 소재지를 관할하는 시장·군수·구청장이 징수하게 된다.

④ 납세지가 분명하지 아니한 경우에는 취득자의 주소지를 그 납세지로 한다.

⑤ 같은 취득물건이 둘 이상의 지방자치단체에 걸쳐 있는 경우 각 시, 군에 납부할 취득세를 산출할 때 그 과세표준은 취득당시의 가액을 취득물건의 소재지별 시가표준액으로 나누어 계산한다.

26 취득세의 부과징수에 대한 설명이다. 틀린 것은?

① 등기·등록의 관서의 장은 취득세가 납부되지 아니하였거나 납부부족액을 발견하였을 때에는 다음 달 10일까지 납세지를 관할하는 시장·군수에게 통보하여야 한다.

② 토지 또는 건축물을 취득한 자가 그 취득일로부터 1년 이내에 인접된 토지나 건축물을 취득한 경우에는 이를 1건의 토지 또는 건축물을 취득한 것으로 간주하여 면세점 여부를 판단한다.

③ 재산권 그 밖의 권리의 취득 이전에 관한 사항을 공부에 등기하거나 등록을 하려는 경우 취득일로부터 60일 이내에 취득세를 신고하고 납부하여야 한다.

④ 토지의 지목변경에 따라 사실상 그 가액이 증가된 경우 취득세의 신고를 하지 않고 매각하더라도 취득세 중가산세 규정은 적용되지 아니한다.

⑤ 취득세의 신고기한이 지난 후 2개월이 되는 때에 당해 취득세를 부과 고지 받기 전까지 신고한 경우 신고 불성실 가산세를 100분의 30을 경감한다. 이 경우 지방자치단체의 장은 신고일부터 3개월 이내에 그 지방세의 과세표준과 세액을 결정하고 그 내용을 통지하여야 한다.

27 지방세법상 취득세 부과징수에 관한 설명으로 옳은 것은?

① 취득세가 일반과세대상에서 중과세대상이 된 때에는 중과세 대상이 된 날로부터 60일 이내에 그 산출세액에서 이미 납부한 세액(가산세 포함)을 공제한 세액을 신고·납부하여야 한다.

② 부담부증여로 취득한 경우 취득일로부터 3개월 이내 취득세를 신고하고 납부하여야 한다.

③ 취득세 중과세율 적용시 주택수를 계산할 때 주택으로 재산세를 과세하는 오피스텔은 해당 오피스텔을 소유한 자의 주택수에 가산한다

④ 부동산등기법에 따라 채권자대위권에 의한 등기신청를 하려는 채권자는 납세의무자를 대위하여 취득세를 신고납부할 수 있다. 이 경우 지방자치단체의 장은 납세의무자에게 그 사실을 다음 달 10일까지 통보하여야 한다.

⑤ 무상승계취득한 취득물건을 취득일에 등기·등록한 후 화해조서·인낙조서에 의하여 취득일부터 60일 이내에 계약이 해제된 사실을 입증하는 경우에는 취득한 것으로 보지 아니한다.

28 다음 중 취득세에 대한 설명으로 틀린 것은?

① 취득세 납세의무자가 취득세 과세물건을 사실상 취득한 후 신고를 하지 아니하고 매각하는 경우에는 산출세액의 100분의 80을 가산한 금액을 세액으로 하여 보통 징수 방법으로 징수한다.

② 지방자치단체의 장은 취득세 납세의무가 있는 법인이 장부 등의 작성과 보존의무를 이행하지 아니한 경우에는 산출된 세액 또는 부족세액의 100분의 20에 상당하는 금액을 징수하여야 할 세액에 가산한다.

③ 납세의무자가 신고기한까지 취득세를 시가인정액으로 신고한 후 지방자치단체의 장이 세액을 경정하기 전까지 그 시가인정액을 수정신고한 경우에는 과소신고가산세를 부과하지 아니한다.

④ 고급주택·골프장 또는 고급오락장용 건축물을 증축·개축 또는 개수한 경우와 일반건축물을 증축·개축 또는 개수하여 고급주택 또는 고급오락장이 된 경우에는 증가한 건축물 가액에 대하여 중과세율을 적용한다.

⑤ 국가·지방자치단체·지방자치단체조합이 취득세 과세물건을 매각하면 매각일로부터 30일 이내에 대통령령으로 정하는 바에 따라 그 물건 소재지를 관할하는 지방자치단체의 장에게 통보하거나 신고하여야 한다.

29 다음 자료에 의해 乙이 甲으로부터 부동산을 취득한 경우 취득세에 대한 설명으로 옳지 않은 것은?

> • 취득일 : 2024년 10월 26일
> • 취득세 신고기한 내 등기하고자 함
> • 충청남도 천안 소재 부동산임
> • 대전광역시 서구에 거주함
> • 취득가격 : 6억원

① 신고납부 기한 내 공부에 등기를 하려는 경우에는 등기 또는 등록 신청서를 등기 등록관서에 접수하는 날까지 취득세를 신고하고 납부하여야 한다.

② 부동산을 증여로 취득한 경우에는 시가인정액을 취득세 과세표준으로 한다.

③ 무주택자로서 취득한 부동산이 주택인 경우 유상거래 취득인 경우 취득세 세율은 10/1,000이다.

④ 乙이 부동산을 유상으로 취득한 경우 대전광역시 서구에 취득일로부터 60일 이내 취득세를 신고하고 납부하여야 한다.

⑤ 乙의 경우 취득할 때 납세의무가 성립하고 신고하는 때 납세의무가 확정되며 만일 신고를 하지 아니한 경우에는 과세권자 결정하는 때 납세의무가 확정된다.

30 다음 중 등록면허세에 대한 설명으로 틀린 것은?

① 등기·등록관서의 장은 등기 또는 등록 후에 등록면허세가 납부되지 아니하였거나 납부부족액을 발견한 경우에는 다음 달 10일까지 납세지를 관할하는 시장·군수·구청장에게 통부하여야 한다.

② 등록면허세를 신고를 하지 아니한 경우라도 등록면허세 산출세액을 등기·등록을 하기 전까지 납부한 때에는 신고를 하고 납부한 것으로 보아 신고불성실가산세를 부과하지 아니한다.

③ 같은 채권의 담보를 위하여 설정하는 2 이상의 저당권의 등기·등록에 있어서는 이를 하나의 등기·등록으로 보아 처음 등기·등록하는 등기소 또는 등록관청 소재지를 납세지로 한다.

④ 채권금액에 의하여 과세표준을 정하는 경우에 일정한 채권금액이 없을 때에는 채권의 목적이 된 것 또는 처분제한의 목적이 된 금액을 그 채권금액으로 본다.

⑤ 한국은행법이나 한국수출입은행법에 따른 은행업을 영위하는 법인이 대도시에서 지점이나 분사무소를 설치함에 따른 법인등기를 하는 경우 그 세율은 표준세율의 100분의 300으로 중과세한다.

31 다음은 등록면허세 과세표준에 대한 설명이다. 틀린 것은?

① 부동산 등기의 경우 등록면허세 납세지는 부동산 소재지이며 납세지가 불분명한 경우에는 등록관청소재지를 납세지로 한다.

② 가압류, 가처분의 경우에는 채권금액을 과세표준으로 하나 가등기의 경우에는 부동산가액 또는 채권금액을 과세표준으로 한다.

③ 지상권 설정등기를 말소하는 경우에는 부동산가액을 과세표준으로 한다.

④ 전세권 설정은 전세금액을, 지역권 설정은 요역지가액을 과세표준으로 한다.

⑤ 취득세 부과제척기간이 경과한 물건의 등기 또는 등록의 과세표준은 등록당시가액과 취득당시가액 중 높은 가액으로 한다.

32 다음은 등록면허세의 세율에 관한 내용으로 틀린 것은?

① 임차권 설정등기의 경우 월 임대차금액의 2/1,000에 해당하는 세율을 적용한다.

② 부동산 등기의 경우에 한하여 등록면허세 세율을 표준세율의 100분의 50의 범위에서 가감조정할 수 있다.

③ 증여로 인한 소유권이전등기의 경우 부동산가액의 1,000분의 15의 세율을 적용한다.

④ 전세권 설정등기를 말소하는 경우에는 전세금액의 1,000분의 2의 세율을 적용한다.

⑤ 등록면허세는 부동산의 등기의 경우 세액이 6,000원 미만인 경우 그 세액을 6,000원으로 한다.

33 다음은 등록면허세에 대한 설명이다. 틀린 것은?

① 등기 또는 등록이 된 후 무효 또는 취소로 등기·등록이 말소된 경우에도 이미 납부한 등록면허세는 과오납으로 환급할 수 없다.

② 같은 등록에 관계되는 재산이 둘 이상의 지방자치단체에 걸쳐 소재하고 있어 등록면허세를 지방자치단체별로 부과할 수 없을 때에는 등록관청 소재지를 납세지로 한다.

③ 사실상 취득가격을 등록면허세 과세표준으로 하는 경우 등록당시 자산재평가의 사유로 그 가액이 달라진 경우에는 자산재평가 전 가액을 과세표준으로 한다.

④ 등록면허세의 경우 채권자 대위자는 납세의무자를 대위하여 부동산의 등기에 대한 등록면허세를 신고·납부할 수 있다. 이 경우 채권자 대위자는 행정안전부령이 정하는 바에 따라 납부확인서를 발급받을 수 있다.

⑤ 등기 또는 등록에 대한 등록면허세는 재산권 등 그 밖의 권리를 등기 또는 등록하는 때에 납세의무가 성립한다.

34 거주자인 개인 乙은 甲이 소유한 부동산(시가 6억원)에 전세기간 2년, 전세보증금 3억원으로 하는 전세계약을 체결하고 전세권 설정등기를 하였다. 지방세법상 등록면허세에 관한 설명으로 옳은 것은?

① 과세표준은 6억원이다.

② 표준세율은 월임대차금액의 1천분의 2이다.

③ 납부세액은 6천원이다.

④ 납세지는 부동산 소재지이다.

⑤ 납세의무자는 甲이다.

35 다음은 취득세와 등록면허세에 관한 설명이다. 틀린 것은?

① 취득세는 과세표준 표시방법에 따라 종가세로 표시되고 등록면허세는 종가세와 종량세로 표시되며 취득세와 등록면허세 모두 차등 비례세율 구조로 되어있다.

② 취득세와 등록면허세는 신고할 때 납세의무가 확정되고 신고를 하지 아니한 경우에는 과세권자가 결정하는 때 납세의무가 확정되는 조세이다.

③ 부동산에 대한 취득세와 등록면허세 납세지는 부동산 소재지이고 납세지가 불분명한 경우 취득세는 물건 소재지를 납세지로 하고 등록면허세는 등록관청소재지를 납세지로 한다.

④ 취득세와 등록면허세는 소액징수면제를 적용하지 아니한다.

⑤ 취득세와 등록면허세를 법정 신고기한 내 신고하지 않고 매각하는 경우 산출세액의 100분의 80을 가산하여 보통징수한다.

36 재산세의 과세대상에 대한 설명이다. 틀린 것은?

① 토지에 대한 재산세의 과세대상은 분리과세대상, 별도합산과세대상, 종합합산과세대상으로 구분한다.

② 건축법 시행령에 따른 다가구주택은 1가구가 독립하여 구분사용할 수 있도록 분리된 부분을 1구의 주택으로 보며 그 부속토지는 건물면적의 비율에 따라 각각 나눈 면적을 1구의 부속토지로 본다.

③ 주택의 부속토지 경계가 명백하지 아니한 경우에는 그 주택의 바닥면적의 10배에 해당하는 토지를 주택의 부속토지로 한다.

④ 재산세 과세대상 물건이 공부상 등재상황과 사실상의 현황이 상이한 경우에는 사실상의 현황에 의하여 재산세를 부과한다. 단, 공부상 등재 현황과 다르게 이용함으로써 재산세 부담이 낮아지는 경우 등 대통령령이 정하는 경우는 공부상 등재 현황에 따라 부과한다.

⑤ 1동의 건물이 주거와 주거 외의 용도에 겸용되는 경우에는 주거용으로 사용하는 면적이 100분의 50 이상인 경우에는 전체를 주택으로 본다.

37 재산세 납세의무자에 대한 설명이다. 틀린 것은?

① 상속이 개시된 재산으로서 상속등기가 이행되지 아니하였으나 사실상 소유자를 신고한 경우에는 주된 상속자는 납세의무가 없다.

② 지방자치단체와 재산세 과세대상 재산을 연부로 매매계약을 체결하고 그 재산의 사용권을 유상으로 부여받은 경우에는 그 매수계약자는 재산세를 납부할 의무가 없다.

③ 공부상에 개인 등의 명의로 등재되어 있는 사실상의 종중 재산으로서 종중소유임을 신고하지 아니한 때에는 공부상의 소유자가 재산세를 납부할 의무가 있다.

④ 재산세 납세의무자는 과세기준일 현재 재산세 과세대장에 등재되어 있는 자를 원칙으로 한다.

⑤ 과세기준일 현재 양도 · 양수가 이루어진 경우 양수인이 재산세 납세의무를 진다.

38 다음 중 재산세 납세의무자에 대한 설명으로 옳은 것은?

① 주택의 건물과 부속토지의 소유자가 서로 다른 경우 그 주택에 대한 산출세액을 건축물과 부속토지의 면적비율로 안분계산한 부분에 대하여 그 소유자를 납세의무자로 본다.

② 신탁법에 의해 수탁자 명의로 등기된 신탁재산의 경우 재산세 납세의무자는 수탁자이다.

③ 공유재산인 경우 지분이 가장 큰 자가 납세의무자이다.

④ 국가 · 지방자치단체 등이 선수금을 받아 조성하는 토지로서 사실상 조성이 완료된 토지의 사용권을 무상으로 부여 받은 자가 있는 경우에는 무상으로 사용권을 부여 받은 자가 납세의무자이다.

⑤ 과세기준일 현재 소유권의 귀속이 분명하지 아니하여 사실상 소유자를 알 수 없는 경우에는 공부상 소유자를 납세의무자로 한다.

39 다음 토지 중 재산세 종합합산과세대상에 해당되는 것으로 올바른 것은?

① 「여객자동차 운수사업법」 또는 「화물자동차 운수사업법」에 따라 여객자동차 운송사업 또는 화물자동차 운송사업의 면허·등록 또는 자동차대여사업의 등록을 받은 자가 그 면허·등록조건에 따라 사용하는 차고용 토지로서 자동차운송 또는 대여사업의 최저보유차고면적기준의 배에 해당하는 면적 이내의 토지

② 군 지역에 소재하는 공장용 건축물 부속토지로서 공장입지 기준면적을 초과하는 토지

③ 일반영업용 건축물로서 건축물의 시가표준액이 해당 부속토지의 시가표준액의 100분의 2에 미달하는 건축물의 부속토지 중 그 건축물의 바닥면적에 해당하는 부속토지

④ 영업용 건축물의 부속토지 중 건축물의 바닥면적에 용도지역별 적용배율을 곱하여 산정한 면적 범위의 토지

⑤ 1990년 5월 31일 이전에 취득하여 종중이 소유하는 농지

40 토지분 재산세 합산과세 대상에 해당하는 토지는 모두 몇 개인가?

⊙ 자동차 운전학원용 토지
ⓛ 건축물의 시가표준액이 토지의 시가표준액의 100분의 2에 미달하는 건축물의 부속토지 중 건축물 바닥면적을 제외한 부속토지
ⓒ 여객자동차 터미널 및 물류터미널용 토지
ⓔ 「체육시설의 설치·이용에 관한 법률 시행령」에 따른 회원제 골프장이 아닌 골프장용 토지 중 원형이 보전 되는 임야
ⓜ 서울특별시 산업단지와 공업지역 안에 위치한 공장용 건축물의 부속토지로 공장입지기준면적을 초과하는 부분의 토지
ⓗ 「건축법」 등 관계 법령에 따라 허가 등을 받아야 할 건축물로서 허가를 받지 아니한 공장용 건축물의 부속토지
ⓢ 염전
ⓞ 「자연공원법」에 따라 지정된 공원자원환경지구의 임야
ⓩ 고급오락장용 부속토지

① 1개   ② 2개   ③ 3개
④ 4개   ⑤ 5개

41 다음의 어느 하나에 해당하는 경우에는 과세기준일로부터 15일 이내에 그 소재지 관할 지방자치단체장에게 신고를 하여야 한다. 이에 해당하지 않는 경우로 옳은 것은?

① 공유재산의 경우 그 지분권자

② 재산의 소유권의 변동 또는 과세대상 재산의 변동사유가 발생되었으나 과세기준일까지 등기가 되지 아니한 재산의 공부상 소유자

③ 상속이 개시된 재산으로서 상속등기가 되지 아니한 경우의 주된 상속자

④ 공부상 등재 현황과 사실상의 현황이 다르거나 사실상의 현황이 변경된 경우 해당 재산의 사실상 소유자

⑤ 1세대가 둘 이상의 주택을 소유하고 있음에도 불구하고 1세대 1주택 특례세율을 적용받으려는 경우에 그 세대원

42 재산세 비과세 대한 설명으로 틀린 것은?

① 국가·지방자치단체 또는 지방자치단체조합이 1년 이상 공용·공공용으로 유료로 사용하는 경우 재산세를 과세한다.

② 행정관청으로부터 철거명령을 받은 건축물 등 재산세를 부과하는 것이 적절하지 아니한 건축물 또는 주택(건축물 부분에 한정)은 재산세를 부과하지 아니한다.

③ 「자연공원법」에 따른 공원자연보존지구 내 임야는 재산세를 부과하지 아니한다.

④ 군사시설보호구역 중 통제보호구역 안에 있는 전·답·과수원 대지는 비과세한다.

⑤ 「도로법」에 따른 도로와 그 밖에 일반인의 자유로운 통행을 위하여 제공할 목적으로 개설한 사설도로(대지안의 공지는 제외)는 재산세를 부과하지 아니한다.

43 다음은 재산세 과세표준과 세율에 대한 설명이다. 잘못된 것은?

① 법령에 따라 산정한 주택의 과세표준이 과세표준상한액[직전 연도 해당 주택의 과세표준 상당액 + (과세기준일 당시 시가표준액으로 산정한 과세표준 × 과세표준상한율)]보다 큰 경우에는 해당 주택의 과세표준은 과세표준상한액으로 한다.

② 종합합산대상 토지는 납세의무자가 소유하고 있는 시·군에 소재하는 종합합산대상이 되는 토지의 가액을 합한 금액을 과세표준으로 하여 초과누진세율을 적용한다.

③ 골프장, 고급오락장용 건축물에 대하여는 1,000분의 40의 세율을 적용한다.

④ 토지분 재산세 시가표준액은 과세기준일 현재 개별공시지가에 공정시장가액비율을 곱하여 산정한 가액으로 한다.

⑤ 주택에 대한 과세표준은 시가표준액에 부동산시장과 지방재정요건 등을 고려하여 시가표준액의 100분의 40부터 100분의 80 범위에서 대통령령이 정하는 공정시장가액비율을 곱하여 산정한다. 다만, 1세대 1주택의 경우 100분의 30에서 100분의 70까지로 한다.

44 다음은 재산세의 세율 적용에 대한 내용이다. 옳지 않은 것은?

① 주택(고급주택 포함)에 대한 재산세 세율은 1/1,000 ~ 4/1,000 4단계 초과누진세율을 적용한다.

② 토지와 건물의 소유자가 다른 주택에 대해 세율을 적용할 때 해당 주택의 토지와 건물가액을 소유자별로 구분 계산한 과세표준에 해당 세율을 적용한다.

③ 1주택자로 시가표준액이 9억원 이하인 주택은 0.5/1,000 ~ 3.5/1,000 4단계 초과누진세율을 적용한다.

④ 지방자치단체의 장은 특별한 재정수요나 재해 등의 발생으로 재산세의 세율 조정이 불가피하다고 인정되는 경우 조례로 정하는 바에 따라 표준세율의 100분의 50의 범위에서 가감할 수 있다. 다만, 가감한 세율은 해당 연도에만 적용한다.

⑤ 시 이상 지역의 주거지역 등의 공장 건축물의 경우 1,000분의 5의 세율을 적용한다.

45 재산세에 대한 설명 중 옳은 것은?

① 동일 시·군 내에 여러 개의 주택을 보유한 경우에는 시·군 내 소재하는 주택을 소유자별로 합산한 과세표준에 초과누진세율을 적용한다.

② 지방자치단체의 장은 요건을 모두 충족하는 납세의무자가 1세대 1주택의 재산세액의 납부유예를 그 납부기한 만료 10일 전까지 신청하는 경우 이를 허가할 수 있다. 이 경우 납부유예를 신청한 납세의무자는 그 유예할 주택 재산세에 상당하는 담보를 제공하여야 한다.

③ 시장·군수는 과세대상 누락·위법 또는 착오 등으로 인하여 이미 부과한 세액을 변경하거나 수시부과하여야 할 사유가 발생한 때에도 수시로 부과·징수할 수 없다.

④ 재산세의 부가세는 지방교육세 20%가 부가세로 부과된다. 다만, 재산세 도시지역분 세액은 제외한다.

⑤ 소유권 변동사유가 발생한 재산은 과세기준일로부터 10일 이내에 그 내용을 신고하여야 하며 신고를 하지 아니한 경우에는 신고불성실 가산세 10%를 부과한다.

46 다음 중 재산세에 대한 설명으로 옳지 않은 것은?

① 재산세 세율은 비례세율과 초과누진세율을 적용한다.

② 지방세 중 물납이 가능한 조세는 재산세이다. 따라서 재산세 고지서에 병기하여 고지할 수 있는 소방분지역자원시설세와 부가세인 지방교육세 등은 물납할 수 없다.

③ 법인의 경우 주택의 공시가격이 6억원인 경우 재산세 세부담 상한은 100분의 110이다.

④ 재산세 납부세액이 250만원을 초과하는 경우 납부기한이 지난 날로부터 3개월 이내에 분할납부할 수 있다.

⑤ 납세고지서를 발부하는 경우 토지에 대한 재산세는 한 장의 고지서로 발부하되 토지 외의 재산에 대한 재산세는 건축물, 주택, 선박 및 항공기로 구분하여 과세대상 물건마다 각각 한 장의 고지서로 발급하거나 물건의 종류별로 한 장의 고지서로 발급할 수 있다.

47 다음은 재산세에 대한 설명이다. 틀린 것은?

① 고지서 1장당 재산세로 징수할 세액이 2천원인 경우 해당 재산세를 징수한다.

② 건축물에서 허가를 받지 아니하거나 사용승인을 받지 아니하고 주거용으로 사용하는 면적이 전체 건축물 면적의 100분의 50 이상인 경우에는 그 건축물 전체를 주택으로 보지 아니하고 그 부속토지는 종합합산대상 토지로 본다.

③ 재산세는 과세기준일에 납세의무가 성립하고 과세권자가 결정하는 때 납세의무가 확정된다.

④ 해당 연도에 부과할 토지분 재산세액이 20만원 이하인 경우 조례로 정하는 바에 따라 납기를 7월 16일부터 7월 31일까지로 하여 한꺼번에 부과·징수할 수 있다.

⑤ 신탁재산의 위탁자가 재산세 등을 체납한 경우로서 그 위탁자의 다른 재산에 대하여 체납처분을 하여도 징수할 금액에 미치지 못할 때에는 해당 신탁재산의 수탁자는 그 신탁재산으로서 위탁자의 재산세 등을 납부할 의무가 있다.

48 다음은 지방세법상 물납과 분납 규정에 대한 설명으로 틀린 것은?

① 납부할 세액이 1천만원을 초과하는 경우에는 납세의무자의 신청을 받아 지방자치단체의 관할구역 안에 소재하는 부동산에 한하여 물납을 허가할 수 있다.

② 물납신청은 납부기한 10일 전까지 신청하여야 하며 물납의 신청을 받은 지방자치단체의 장은 신청을 받은 날부터 5일 이내에 그 허가 여부를 서면으로 통지하여야 한다.

③ 주택분 재산세 납부세액이 800만원인 경우에는 최대 300만원을 분할납부할 수 있다.

④ 물납을 허가하는 부동산의 가액은 과세기준일 현재 시가에 의한다.

⑤ 분납을 신청한 경우에는 과세권자는 납부기한 내 납부할 납세고지서와 분납 기간 내 납부할 납세고지서로 구분하여 수정고지 하여야 한다.

49 甲은 공시가격이 6억원인 토지를 보유하고 있다. 동 토지에 대하여 2023년에 납부한 재산세액은 50만원인 경우로서, 2024년도 재산세가 100만원인 경우 2024년도 9월 16일부터 9월 30일까지 甲이 납부할 재산세액은 얼마인가?

① 275,000원   ② 750,000원

③ 550,000원   ④ 250,000원

⑤ 500,000원

50 재산세 부과징수에 대한 설명이다. 옳은 것은?

① 재산세 과세대상 토지는 분리과세대상, 종합합산대상, 별도합산대상으로 구분하여 시·군·구 별로 소유자별로 합산하여 초과누진세율을 적용한다.

② 재산세 물납을 하고자 하는 경우 납부기한까지 법령이 정하는 서류를 갖추어 시장·군수·구청장에게 신청하여야 한다.

③ 소유권 변동 등으로 인한 신고의무가 있는 납세의무자가 신고를 하지 아니한 경우에는 가산세가 부과되며 시장·군수는 그 재산의 소유자를 직권으로 등기할 수 있다.

④ 과밀억제권역 내 공장 신·증설의 경우 공장 건축물에 대하여 표준세율의 500/100에 해당하는 세율을 5년간 중과세 하지만 중과세 기간 중에 승계 취득한 자는 남은 기간에 대하여 납세의무가 없다.

⑤ 재산세를 징수하려면 토지, 건축물, 주택, 선박, 항공기로 각각 구분된 납세고지서에 과세표준과 세액을 적어 늦어도 납기개시 5일 전까지 발급하여야 한다.

51 다음 중 재산세에 대한 설명으로 옳은 것은?

① 주택의 부속토지 경계가 명백하지 아니한 경우에는 그 주택의 바닥면적의 10배에 해당하는 토지를 주택의 부속토지로 한다.

② 지방세특례제한법에도 불구하고 동일한 주택이 1세대 1주택에 대한 주택 세율 특례와 재산세 경감규정의 적용대상이 되는 경우로서 이 둘이 중복되는 경우에는 중복하여 적용한다.

③ 주택에 대한 재산세의 납기는 건물분은 7월 16일부터 7월 31일까지, 토지분은 9월 16일부터 9월 30일까지이다.

④ 재산세는 원칙적으로 납세의무성립일로부터 7년이 지나면 재산세를 부과할 수 없다.

⑤ 물납 신청 후 불허가 통지를 받은 경우에는 다른 부동산으로 변경 신청할 수 없고 금전으로만 납부하여야 한다.

52 다음 종합부동산세에 관한 설명으로 옳지 않은 것은?

① 관할 세무서장은 납부하여야 할 세액이 1천만원을 초과하면 물납을 허가할 수 있다.

② 관할 세무서장이 종합부동산세를 부과·징수하는 경우 납부고지서에 주택 및 토지로 구분한 과세표준과 세액을 기재하여 납부기가 개시 5일 전까지 발부하여야 한다.

③ 건축물 그리고 분리과세대상 토지는 종합부동산세 과세대상이 아니다.

④ 종합부동산세는 과세기준일에 납세의무가 성립하고 과세권자가 결정하는 때 납세의무가 확정된다.

⑤ 법인(공익법인 등은 제외) 소유 주택의 경우 과세표준 계산시 9억원 공제를 적용하지 않고 세부담상한도 적용하지 아니하며 세율은 비례세율(27/1,000 또는 50/1,000)을 적용한다.

53 다음은 종합부동산세에 관한 내용이다. 옳은 것은?

① 관할 세무서장은 종합부동산세로 납부하여야 할 세액이 500만원을 초과하는 경우는 그 세액의 일부를 납부기한이 경과한 날부터 6개월 이내에 분납하게 할 수 있다.

② 종합부동산세는 주택에 대한 종합부동산세와 토지에 대한 종합부동산세의 세액을 합한 금액을 그 세액으로 한다.

③ 종합합산대상 토지에 대한 종합부동산세의 과세표준은 납세의무자별로 전국의 종합합산대상 토지의 공시가격을 합산한 금액에서 5억원을 공제한 금액으로 한다.

④ 종합부동산세는 납세의무자가 선택하는 경우 신고납부할 수 있으며 신고납부를 선택하는 경우 이미 부과된 과세권자의 결정은 없었던 것으로 본다. 이때 신고를 하지 아니한 경우 무신고가산세와 과소신고가산세가 부과된다.

⑤ 1세대 1주택자의 연령별 세액공제와 장기보유세액공제가 중복되는 경우는 공제율 합계 100분의 70 범위에서 중복공제가 가능하다.

54 다음은 종합부동산세에 관한 내용이다. 틀린 것은?

① 1세대가 일반 주택과 합산배제 신고한 임대주택을 각각 1채씩 소유한 경우 해당 일반 주택에 그 주택 소유자가 과세기준일 현재 그 주택에 주민등록이 되어 있고 실제로 거주하고 있는 경우에 한정하여 1세대 주택에 해당한다.

② 합산 배제 주택에 해당하는 주택을 보유한 납세의무자는 당해 연도 9월 16일부터 9월 30일까지 대통령령이 정하는 바에 따라 납세지 관할세무서장에게 당해 주택의 보유현황을 신고하여야 한다.

③ 과세대상 토지가 매매로 유상이전되는 경우로서 매매계약서 작성일이 2024년 6월 1일이고, 잔금지급 및 소유권이전등기일이 2024년 6월 29일인 경우 종합부동산세 납세의무자는 매도자이다.

④ 1주택과 다른 주택의 부속토지(주택의 건물과 부속토지의 소유자가 다른 경우의 그 부속토지를 말함)를 함께 소유하고 있는 경우에는 1세대 1주택자로 본다.

⑤ 개인이 소유한 1세대 2주택의 경우 세부담 상한은 100분의 300으로 한다.

55 다음은 종합부동산세에 대한 설명이다. 틀린 것은?

① 관할 세무서장은 종합부동산세로 납부할 세액이 400만원인 경우 최대 150만원을 납부기한 경과한 날로부터 6개월 이내 분납하게 할 수 있다.

② 종합부동산세 납세의무자가 개인인 경우 납세지는 「소득세법」상의 납세지를 준용한다.

③ 관할세무서장은 납부하여야 할 종합부동산세의 세액을 결정하여 당해 연도 12월 1일부터 12월 15일까지 부과·징수한다.

④ 과세기준일 현재 만 60세 이상인 자가 보유하고 있는 종합부동산세 과세대상인 토지에 대하여는 연령에 따른 세액공제를 받을 수 있다.

⑤ 주택분 종합부동산세액에서 공제되는 재산세액은 재산세 표준세율의 100분의 50 범위에서 가감된 세율이 적용된 경우에는 그 세율이 적용된 세액으로 하고 재산세 세부담상한을 적용받은 경우에는 그 상한을 적용받은 세액으로 한다.

56 다음은 종합부동산세 대한 설명이다. 틀린 것은?

① 주택에 대한 세부담상한의 기준이 되는 직전 연도에 해당 주택에 부과된 주택에 대한 총세액상당액은 납세의무자가 해당 연도의 과세표준 합산주택을 직전 연도 과세기준일에 실제로 소유하였는지의 여부를 불문하고 직전 연도 과세기준일 현재 소유한 것으로 보아 계산한다.

② 1세대 1주택 부부 공동명의자의 경우 9월 16일부터 9월 30일까지 1주택 단독명의자로 신청할 수 있다.

③ 「건축법」 등 관계 법령에 따라 허가 등을 받아야 할 건축물로서 허가 등을 받지 아니한 건축물의 부속토지는 종합부동산세 과세대상이다.

④ 관할세무서장은 법령이 정하는 요건을 모두 충족하는 납세의무자가 주택분 종합부동산세액의 납부유예를 그 납부기한 만료 3일 전까지 신청하는 경우 이를 허가할 수 있다. 이 경우 납부유예를 신청한 납세의무자는 그 유예할 주택분 종합부동산세액에 상당하는 담보를 제공하여야 한다.

⑤ 주택분 종합부동산세액을 계산할 때 1주택을 여러 사람이 공동으로 매수하여 소유한 경우 지분이 가장 큰 자가 소유한 것으로 본다.

57 2024년 종합부동산세에 대한 설명으로 옳지 않은 것은?

① 종합부동산세 납세의무자가 비거주자인 개인으로서 국내사업장이 없고 국내 원천소득이 발생하지 아니하는 1주택을 소유한 경우 그 주택 소재지를 납세지로 한다.

② 「신탁법」 제2조에 따른 수탁자의 명의로 등기 또는 등록이 된 신탁재산으로서 주택의 경우에는 같은 조에 따른 위탁자가 종합부동산세를 납부할 의무가 있다. 이 경우 위탁자가 신탁재산을 소유한 것으로 본다.

③ 납세자에게 부정행위가 없으며 특례제척기간에 해당하지 않는 경우 원칙적으로 납세의무 성립일로부터 7년이 지나면 종합부동산세를 부과할 수 없다.

④ 별도합산대상 토지와 종합합산대상토지 주택의 경우 세부담상한은 100분의 150이다.

⑤ 1세대 1주택자는 주택의 공시가격을 합산한 금액에서 12억원을 공제한 금액에 공정시장가액비율(60%)을 곱한 금액을 과세표준으로 한다.

58 다음 자료에 의하여 세부담 상한선을 적용하는 경우 2024년도에 납부할 종합부동산세액으로 옳은 것은?

> ㉠ 2023년 재산세: 100만원
> 　　 종합부동산세: 200만원
> ㉡ 2024년 재산세: 150만원
> 　　 종합부동산세: 500만원

① 200만원   ② 450만원   ③ 300만원
④ 500만원   ⑤ 900만원

59 다음은 종합부동산세와 재산세에 대한 설명이다. 틀린 것은?
① 재산세와 종합부동산세의 납세의무 성립시기는 동일하지만 납세지는 다르다.
② 재산세의 경감에 관한 규정은 종합부동산세를 부과함에 있어서 이를 준용한다.
③ 재산세와 종합부동산세는 납부세액이 250만원을 초과하는 경우 납부기한 지난 후 2개월 이내 분할납부할 수 있다.
④ 재산세는 과세대상별로 납부기간을 다르게 규정하지만 종합부동산세는 과세대상의 종류와 관계없이 동일하다.
⑤ 재산세와 종합부동산세의 분납의 경우 기준금액은 동일하지만 분납기간은 다르다.

60 다음 중 주택분 종합부동산세에 대한 설명이다. 틀린 것은?
① 주택의 경우 재산세는 주택별로 각각 과세하고 종합부동산세는 전국의 주택을 소유자별로 합산하여 과세한다.
② 1세대 1주택자가 1주택을 양도하기 전에 다른 주택을 대체취득하여 일시적으로 2주택이 된 경우로서 과세기준일 현재 신규 주택을 취득한 날로부터 3년이 경과하지 않는 경우에는 1세대 1주택자로 본다. 단, 9월 16일부터 9월 30일까지 신청하여야 한다.
③ 1주택과 과세기준일 현재 상속개시일부터 5년이 경과하지 않은 상속주택을 함께 소유하고 있는 경우에는 1세대 1주택자로 본다. 단, 9월 16일부터 9월 30일까지 신청하여야 한다.
④ 1주택과 수도권 밖의 지역 중 광역시 및 특별자치시가 아닌 지역에 소재하는 주택으로서 공시가격이 3억원 이하인 주택을 함께 소유하고 있는 경우에는 1세대 1주택자로 본다. 단, 9월 16일부터 9월 30일까지 신청하여야 한다.
⑤ 「건축법 시행령」 별표 1 제1호 다목에 따른 다가구 주택은 1가구가 독립하여 구분 사용할 수 있도록 분리된 부분을 1구의 주택으로 본다.

61 다음 중 양도소득세 과세대상으로 옳지 않은 것은?

① 영업권(사업에 사용하는 토지 건물 부동산에 관한 권리와 분리하여 양도하는 것)

② 등기된 부동산임차권

③ 부동산 매매계약을 체결한 자가 계약금만 지급한 상태에서 양도하는 권리

④ 토지 건물과 함께 양도하는 이축권

⑤ 법인의 주식을 소유하는 것만으로 시설물을 배타적으로 이용하게 되는 경우 그 주식의 양도

62 다음 중 양도소득세의 양도에 해당하는 것으로 옳은 것은 몇 개인가?

㉠ 본인 소유 자산을 경매·공매로 인하여 자기가 재취득하는 경우

㉡ 도시개발법이나 그 밖의 법률에 따른 환지처분시 교부받은 토지 면적이 권리면적보다 감소되어 보상금을 받은 경우

㉢ 매매원인 무효 소에 의하여 그 매매사실이 원인무효로 확정되어 환원되는 경우

㉣ 이혼한 자 일방의 재산분할청구소에 의하여 부동산이 이전되는 경우

㉤ 법원의 확정판결에 의하여 신탁해지를 원인으로 소유권이전 등기하는 경우

㉥ 토지의 지적 경계를 변경에 따른 토지의 분할 등 대통령령이 정하는 방법과 절차에 의한 토지 교환

㉦ 적법하게 체결된 계약이 당사자 간의 합의에 의해 해제가 되어 소유권이 환원되는 경우

㉧ 개인이 토지를 법인에 현물출자하는 경우

㉨ 법원의 확정판결에 의한 이혼위자료로 배우자에게 토지의 소유권을 이전하는 경우

① 1개　　　　　　② 2개　　　　　　③ 3개

④ 4개　　　　　　⑤ 5개

63 다음은 양도소득세가 과세되는 양도에 대한 설명이다. 틀린 것은?

① 「국세징수법」에 따라 甲 소유 부동산이 직계비속인 乙에게 공매로 이전되는 경우에는 증여로 보지 아니하고 甲에게 양도소득세를 과세한다.

② 배우자 직계존비속 간의 부담부증여의 경우 수증자의 채무부담분에 대하여는 양도로 보지 아니하고 증여로 본다.

③ 환지처분으로 인하여 지목 또는 지번이 변경되거나 보류지로 충당되는 경우에는 양도로 보지 아니한다.

④ 양도담보계약을 체결한 후 채무불이행으로 인하여 당해 자산을 변제에 충당한 때에는 그 때에 이를 양도하는 것으로 본다.

⑤ 양도라 함은 매도 · 교환 · 법인에 대한 현물출자 등으로 그 자산이 유상으로 이전되는 것으로 소유권 이전을 위한 등기 · 등록을 과세의 조건으로 한다.

64 거주자 甲이 2024년 중 국내 소재 상업용 건물을 거주자 乙에게 부담부증여를 한 경우에 대한 설명으로 옳지 않은 것은? (단, 乙이 甲의 피담보채권을 인수함)

> ㉠ 취득당시 실거래가액 : 8천만원
> ㉡ 증여일 현재 상속세 및 증여세법에 따른 평가액 : 5억원
> ㉢ 상업용 건물에는 금융회사로부터의 차입금 1억원(채권최고액 : 1억2천만원)에 대한 근저당권이 설정되어 있음
> ㉣ 취득당시 기준시가 : 5천만원

① 甲과 乙이 배우자 직계존비속이 아닌 경우 甲은 1억원에 대하여 양도소득세 납세의무가 있고 乙은 4억원에 대하여 증여세 납세의무가 있다.

② 甲과 乙이 배우자 직계존비속이 아닌 경우 양도차익 계산시 상업용 건물의 취득가액은 8천만원이다.

③ 甲과 乙이 형제인 경우 채무인수액은 양도로 보고 채무액을 제외한 나머지 부분은 증여로 본다.

④ 양도로 보는 부분에 대한 양도소득세 예정신고 기한은 양도일이 속한 달의 말일부터 3개월 이내 예정신고를 하여야 한다.

⑤ 甲과 乙이 배우자 직계존비속인 경우 그 재산가액 전체를 증여한 것으로 추정하여 이를 배우자 등의 증여재산 가액으로 한다.

65 다음은 양도소득세에 대한 설명이다. 틀린 것은?

① 양도소득 과세표준은 종합소득 및 퇴직소득에 대한 과세표준과 구분하여 계산한다.

② 양도가액이 실지거래가액이 15억원인 1세대 1주택의 비과세 규정을 적용함에 있어서 하나의 건물이 주택과 주택 외의 부분으로 복합되어 있는 경우에는 면적과 관계없이 그 전부를 주택으로 본다.

③ 1세대 1주택인 고가주택을 양도한 경우 실지양도가액 중 12억원을 초과하는 부분의 양도차익에 대해서는 양도소득세가 과세된다.

④ 거주자가 이축권을 양도하여 발생한 양도차손은 같은 해에 분양권을 양도하여 발생한 양도소득금액에서 이를 공제 받을 수 있다.

⑤ 거주자가 국내 상가건물을 양도한 경우 거주자의 주소지와 상가 건물의 소재지가 다르다면 양도소득세 납세지는 양도자의 주소지 관할 세무서이다.

66 다음은 소득세법상 양도자산의 양도 또는 취득시기에 관한 설명이다. 옳지 않은 것은?

① 민법 규정에 의하여 부동산의 소유권을 시효취득 하는 경우에 양도소득세의 취득시기는 점유개시일이다.

② 부동산의 소유권이 타인에게 이전되었다가 법원의 무효판결에 의하여 당해 자산의 소유권이 환원되는 경우 당해 자산의 취득시기는 그 자산의 당초 취득일이다.

③ 도시개발법 기타 법률의 규정에 의한 환지처분으로 취득하는 토지의 취득시기는 환지 전 토지 취득일이다.

④ 매매계약서 등에 기재된 잔금지급약정일보다 앞당겨 잔금을 받거나 늦게 받는 경우에도 사실상 대금청산일이 양도 또는 취득시기가 된다.

⑤ 대금을 청산한 날의 판정시 자산의 대금에는 해당 자산의 양도에 대한 양도소득세 및 부가세액을 양수자가 부담하기로 약정한 경우 해당 양도소득세 및 부가세액을 포함한다.

67 양도소득세 과세표준 산출과정에 관한 내용으로 옳지 않은 것은?

① 양도소득세 산출세액은 양도차익에서 장기보유특별공제와 양도소득기본공제를 한 금액에 해당 양도소득세 세율을 적용하여 계산한 금액을 그 산출세액으로 한다.

② 취득당시 실지거래가액을 확인할 수 없는 경우 추계결정, 경정에 의하여 환산취득 가액을 취득가액으로 하는 경우에는 실제 발생한 자본적 지출과 양도비용의 합계 액이 환산취득가액과 필요경비개산공제액을 합한 금액보다 큰 경우에는 이를 필 요경비로 계산할 수 있다.

③ 토지를 취득함에 있어서 부수적으로 매입한 채권을 만기 전에 양도함으로 발생하 는 매각차손은 채권의 매매 상대방과 관계없이 전액을 양도비용으로 인정된다.

④ 양도소득금액 계산시 마지막 공제 항목은 장기보유특별공제이다.

⑤ 양도자가 그와 특수관계 있는 자와의 거래로 인하여 조세를 부당하게 감소시킨 것 으로 인정되는 때에는 그 거주자의 행위 또는 계산에 관계없이 소득세법에 따라 소득금액을 계산할 수 있다.

68 다음 중 양도소득세의 양도차익 계산에 대한 설명 중 옳지 않은 것은?

① 양도차익을 계산함에 있어서 양도가액을 실지거래가액(매매사례가액, 감정가액 포함)에 의하는 때에는 취득가액도 실지거래가액(매매사례가액, 감정가액, 환산취 득가액)에 의하고, 양도가액을 기준시가에 의하는 때에는 취득가액도 기준시가에 의하여야 한다.

② 지적공부상 면적이 증가한 해당 토지를 양도할 때 지적재조사 결과 보유한 토지 면적이 증가하여 납부한 조정금은 취득가액에서 제외한다.

③ 양도자산을 취득한 후 쟁송이 있는 경우 그 소유권 확보를 위하여 직접 소요된 소 송비용 화해비용 등으로서 그 지출한 연도의 각 소득금액 계산에 있어서 필요경비 로 산입된 금액을 제외한 금액은 취득가액에 포함하지 아니한다.

④ 취득가액을 추계조사 결정 경정하는 경우 자본적 지출과 양도비 대신 필요경비개 산공제를 적용한다.

⑤ 상속 또는 증여받은 자산에 대하여 양도차익을 실지거래가액에 의하여 계산하여 야 하는 경우에는 「상속세 및 증여세법」의 규정에 의하여 평가한 가액을 취득당시 의 실지거래가액으로 본다.

69 양도차익을 계산함에 있어서 양도가액을 실지거래 가액에 의하는 때에는 취득가액도 실지거래가액에 의한다. 다음 중 실지취득가액에 대한 설명으로 옳은 것은?

① 자본적 지출액은 그 지출에 관한 증명서류를 수취·보관하지 않은 경우에는 실제 지출사실이 금융거래 증명서류에 의하여 확인되는 경우에도 양도차익 계산시 양도가액에서 공제할 수 없다.

② 아파트를 분양받아 취득한 자가 부가가치세법상 일반 사업자로서 사업용으로 분양받은 경우의 부가가치세는 취득가액에 포함한다.

③ 당사자 약정에 따라 취득원가에 이자상당액을 가산하여 거래가액을 확정하는 경우 당해 이자상당액은 취득원가에 포함하지 아니한다.

④ 실지거래가액에 의한 양도가액 또는 취득가액의 실지거래가액을 인정 또는 확인할 수 없는 경우에는 매매사례가액 − 감정가액 − 환산취득가액 − 기준시가 순서로 추계 조사, 결정, 경정할 수 있다.

⑤ 취득원가에 상당한 가액으로서 매입원가에 취득세, 등록면허세, 재산세 기타 부대비용을 가산한 금액으로 한다.

70 소득세법상 양도소득세 비과세 대상인 1세대 1주택을 거주자 甲이 특수관계없는 乙에게 다음과 같이 양도한 경우 양도소득세 비과세에 관한 규정을 적용할 때 비과세 받을 세액에서 뺄 금액은 얼마인가? (단, 다음 제시된 사항만 고려함)

> ㉠ 매매(양도) 계약 체결일 : 2024. 10. 27.
> ㉡ 매매(양도) 계약서상 거래가액 : 2억원
> ㉢ 양도 당시 실지거래가액 : 2억 3천만원
> ㉣ 甲의 주택에 양도소득세 비과세에 관한 규정을 적용하지 않은 경우 양도소득 산출세액 : 5천만원

① 0원   ② 5천만원   ③ 3천만원
④ 2천만원   ⑤ 1천만원

71 양도가액과 취득가액을 실지거래가액으로 계산할 경우 양도소득 과세표준은 얼마인가?

> ㉠ 실지 양도가액 : 1억2천5백만원
> ㉡ 실지 취득가액 : 9천만원
> ㉢ 자본적 지출액과 양도비 : 2백만원
> ㉣ 양도당시 기준시가 : 1억원
> ㉤ 취득당시 기준시가 : 7천만원
> ㉥ 보유기간(토지) : 2년 6개월

① 2천7백5십만원   ② 3천만원
③ 3천5십만원   ④ 3천3백만원
⑤ 3천5백만원

72 甲이 다음과 같은 요건을 충족한 주택을 양도한 경우 비과세면적을 구하면? (단, 고가주택이 아님)

> ㉠ 1세대 1주택임(수도권 녹지지역 임)
> ㉡ 보유기간 : 3년(2년 거주)
> ㉢ 주거부분 : 40m², 상가 : 60m²
> ㉣ 부속토지 : 600m²

① 건물 : 40m², 토지 : 200m²   ② 건물 : 40m², 토지 : 240m²
③ 건물 : 60m², 토지 : 360m²   ④ 건물 : 60m², 토지 : 400m²
⑤ 건물 : 60m², 토지 : 240m²

73 1세대 1주택에 해당하는 아파트를 5억원에 취득하여 5년 보유(거주기간 5년) 후 15억원에 양도할 때 비과세되는 양도차익은 얼마인가? (단, 취득가액을 포함한 필요경비는 10억원으로 한다)

① 4억원   ② 1억원
③ 5억원   ④ 2억원
⑤ 8천만원

74 다음은 양도소득세를 과세함에 있어 장기보유특별공제에 관한 설명이다. 옳지 않은 것은?

① 양도자산(1세대 1주택)의 보유기간이 10년이고 거주기간이 1년인 경우 장기보유 특별공제액으로 양도차익의 20%를 공제한다.

② 조정대상 지역 내 2주택과 미등기 양도, 국외자산 양도의 경우 장기보유특별공제 를 적용하지 아니한다.

③ 조합원 입주권(승계취득의 경우 제외)의 경우 보유기간은 종전 토지 건물의 취득 일로부터 관리처분계획인가일까지를 보유기간으로 한다.

④ 법원의 결정에 의하여 양도 당시 취득에 관한 등기가 불가능한 부동산에 대하여는 장기보유특별공제가 적용된다.

⑤ 배우자 또는 직계존비속 간 증여재산 이월과세가 적용되는 경우에는 증여한 배우 자 또는 직계존비속이 해당 자산을 취득한 날부터 기산한다.

75 다음 중 양도소득기본공제에 대한 설명으로 틀린 것은?

① 당해 연도에 여러 차례 자산을 양도하는 경우에는 먼저 양도하는 자산의 양도소득 금액에서 순차로 공제한다.

② 등기된 사업용 토지로 보유기간이 3년 미만인 경우에는 양도소득기본공제를 받을 수 없다.

③ 조세특례제한법상 기타 법률의 규정에 의한 감면소득금액이 있는 경우에는 당해 감면소득금액 외의 양도소득금액에서 먼저 공제한다.

④ 양도소득기본공제는 보유기간의 장단 여부에 관계없이 양도소득이 있는 거주자 (비거주자 포함)에 대하여 일정액을 공제는 인적공제제도이다. 따라서 해당 자산 을 2인 이상 공유하는 경우에는 각자 공제 적용을 받을 수 있다.

⑤ 양도소득기본공제는 당해 연도 양도소득금액에서 소득별로 각각 연 250만원을 공 제한다. 단, 미등기 양도자산의 양도소득금액에 대하여는 공제를 적용하지 아니 한다.

76 다음은 장기보유특별공제와 양도소득기본공제에 대한 설명이다. 가장 잘못된 것은?

① 장기보유특별공제와 양도소득기본공제의 경우 거주자와 비거주자 모두 공제 받을 수 있다.

② 등기된 비사업용 토지의 경우에 장기보유특별공제와 양도소득기본공제 모두 적용한다.

③ 당해 연도에 2회 이상 양도하는 경우에 양도소득기본 공제는 먼저 양도하는 자산부터 순차적으로 공제하나 장기보유특별공제는 요건만 갖추면 금액 및 횟수에 관계없이 공제 가능하다.

④ 1세대 1주택임에도 비과세에서 배제되는 고가주택인 경우에는 장기보유특별공제의 적용은 배제하나 양도소득기본공제는 배제하지 않는다.

⑤ 장기보유특별공제는 국외자산 양도시에는 공제받을 수 없지만 양도소득기본공제는 국내 국외자산에 대하여 모두 공제 받을 수 있다.

77 다음은 양도소득세 양도소득 과세표준 계산에 관한 설명이다. 틀린 것은?

① 필요경비, 장기보유특별공제, 양도소득기본공제는 과세표준을 감소시키는 항목에 해당한다.

② 양도소득금액은 양도차익에서 장기보유특별공제를 차감한 금액으로 한다.

③ 부동산을 미등기 양도하는 경우에는 양도차익과 과세표준이 동일하다.

④ 양도소득 과세표준은 종합소득 및 퇴직소득에 대한 과세표준과 구분하여 계산한다.

⑤ 양도소득기본공제는 양도소득금액 계산 과정시 필요한 항목에 해당한다.

78 소득세법상 배우자 간 증여재산의 이월과세에 관한 설명으로 옳은 것은?

① 이월과세를 적용하는 경우 거주자가 배우자로부터 증여받은 자산에 대하여 납부한 증여세는 필요경비에 산입하지 아니한다.

② 이월과세를 적용하는 경우 증여자와 수증자는 양도소득세에 대하여 연대 납세의무가 있다.

③ 거주자가 양도일로부터 소급하여 10년 이내에 그 배우자(양도 당시 사망으로 혼인관계가 소멸된 경우 포함)로부터 증여받은 토지를 양도할 경우 이월과세를 적용한다.

④ 거주자가 사업인정고시일부터 소급하여 2년 이전에 배우자로부터 증여받은 경우로서 공익사업을 위한 토지 등이 취득 및 보상에 관한 법률에 따라 수용된 경우에는 이월과세를 적용하지 아니한다.

⑤ 이월과세를 적용하여 계산한 양도소득 결정세액이 이월과세를 적용하지 않고 계산한 양도소득 결정세액보다 적은 경우에 이월과세를 적용한다.

79 거주자 甲은 2018. 10. 20. 취득한 토지(취득가액 3억원, 등기함)를 동생인 거주자 乙
(특수관계인임)에게 2021. 8. 1. 증여(시가 6억원, 등기함)하였다. 乙은 해당 토지를
2024. 10. 26. 특수관계가 없는 丙에게 양도(양도가액10억원)하였다. 양도소득은 乙에
게 실질적으로 귀속되지 아니하고, 乙의 증여세와 양도소득세를 합한 세액이 甲이 직접
양도하는 경우로 보아 계산한 양도소득세보다 적은 경우에 해당한다. 소득세법상 양도
소득세 납세의무에 관한 설명으로 틀린 것은?

① 양도차익 계산시 취득가액은 3억원으로 한다.

② 乙이 납부한 증여세는 양도차익 계산시 필요경비에 산입한다.

③ 양도소득세에 대해서는 甲과 乙이 연대하여 납세의무를 진다.

④ 甲은 양도소득세 납세의무자이다.

⑤ 양도소득세 계산시 보유기간은 甲의 취득일부터 乙의 양도일까지의 기간으로 한다.

80 양도소득세 세율에 대한 설명이다. 옳은 것은?

① 10개월 보유한 1주택 : 100분의 50

② 1년 6개월 보유한 조합원입주권 : 100분의 50

③ 2년 6개월 보유한 분양권 : 6~45%

④ 10개월 보유한 상가건물 : 100분의 50

⑤ 6개월 보유한 골프 회원권 : 100분의 50

81 소득세법상 미등기 양도자산에 대한 설명으로 틀린 것은?

① 미등기 양도자산의 경우 비과세 규정을 적용하지 아니한다.

② 미등기 양도자산의 경우 양도소득기본공제를 적용하지 아니한다.

③ 법률의 규정에 의하여 양도 당시 그 자산의 취득에 관한 등기가 불가능한 자산의
경우 장기보유특별공제를 적용한다.

④ 미등기 양도자산은 양도소득세 산출세액에 100분의 70을 곱한 금액을 양도소득
결정세액에 더한다.

⑤ 미등기 양도의 경우에도 필요경비개산공제를 적용한다.

82 양도소득세 비과세에 대한 설명으로 옳지 않은 것은?

① 지적재조사에 관한 특별법에 따른 경계확정으로 지적공부상 면적이 감소되어 지급받는 조정금에 대해서는 양도소득세를 과세하지 아니한다.

② 법원의 결정에 의하여 양도 당시 취득에 관한 등기가 불가능한 자산은 양도소득세 비과세가 배제되는 미등기 양도자산에 해당한다.

③ 비과세 판단시 거주기간은 주민등록표 등본에 따른 전입일부터 전출일까지의 기간으로 한다.

④ 건축허가를 받지 아니하여 등기가 불가능한 비과세 요건을 충족한 1세대 1주택의 경우 비과세한다.

⑤ 토지를 매매하는 거래당사자가 매매계약서의 거래가액을 실지거래가액과 다르게 적은 경우에는 해당 자산에 대하여 「소득세법」에 따른 양도소득세의 비과세에 관한 규정을 적용할 때 비과세 받을 세액에서 비과세에 관한 규정을 적용하지 않았을 경우의 양도소득 산출세액과 매매계약서의 거래가액과 실지거래가액과의 차액 중 적은 금액을 뺀다.

83 다음은 양도소득세 기간계산에 대한 설명이다. 잘못된 것은?

① 장기보유특별공제 적용시 특수관계인으로부터 증여받은 자산을 10년 이내 양도한 경우로서 부당행위계산으로 인정되는 경우에는 당초 증여자가 당해 자산을 취득한날부터 양도일까지로 한다.

② 부동산을 배우자로부터 증여받고 1년 6개월 후 양도하였다면 양도차익계산 계산시 취득시기는 당초 증여한 배우자의 취득일을 취득시기로 한다.

③ 상속의 경우 세율 적용시 보유기간 계산은 상속개시일을 취득일로 본다.

④ 상속받은 주택으로서 상속인과 피상속인이 상속개시 당시 동일세대인 경우에는 상속개시 전에 상속인과 피상속인이 동일세대로서 거주하고 보유한 기간을 통산한다.

⑤ 취득 당시 조정대상 지역에 있는 주택의 경우 주택의 보유기간이 2년 이상이고 거주기간이 2년 이상이어야 한다.

84 다음은 1세대 1주택에 대한 설명이다. 틀린 것은?

① 국내에 1주택만 보유하고 있는 1세대가 해외이주로 세대전원이 출국하는 경우 출국일로부터 2년 이내 해당 주택을 양도하면 비과세된다.

② 1주택을 여러 사람이 공동 소유한 경우 주택수를 계산할 때 지분이 가장 큰 자가 그 주택을 소유한 것으로 본다.

③ 주택의 부수토지는 수도권 주거지역의 경우 주택정착 면적의 3배까지를 주택의 부수토지로 본다. 이때 무허가 정착면적도 주택정착면적에 포함한다.

④ 부부의 경우 각각 단독세대를 구성하여 각각 1주택을 보유한 경우에도 동일한 세대로 본다.

⑤ 주택의 대지와 건물을 동일한 세대 구성원이 각각 소유하고 있는 경우에는 1세대 1주택으로 본다.

85 다음 중 양도소득세를 과세하지 않는 경우는? (단, 조정대상지역이 아님)

① 공부상 주택인 건물(보유기간 2년)을 점포로 사용하다 양도한 경우

② 비거주자로서 1주택을 2년 이상 보유하고 양도하는 경우

③ 근무상의 형편으로 세대전원이 다른 시로 이전함에 따라 1년간 거주한 1주택을 양도한 경우

④ 5년간 보유한 주택을 2 이상의 주택으로 분할하여 양도하는 경우 먼저 양도하는 주택

⑤ 관광용 숙박시설인 콘도미니엄을 10년간 보유하다가 양도하는 경우

86 소득세법상 거주자가 국내소재 1주택만을 소유하는 경우에 관한 설명으로 틀린 것은?

① 소유하고 있던 공부상 주택인 1세대 1주택을 전부 영업용 건물로 사용하다가 양도한 때에는 양도소득세 비과세 대상인 1세대 1주택으로 보지 아니한다.

② 양도 당시 실지거래가액이 15억원인 법정요건을 충족하는 등기된 1세대 1주택을 양도한 경우 양도차익에 최대 100분의 80의 보유기간별 공제율을 적용받을 수 있다.

③ 임대한 과세기간 종료일 현재 기준시가 15억원인 1주택을 임대하고 지급받은 소득은 사업소득으로 과세된다.

④ 甲과 乙이 고가주택이 아닌 공동소유 1주택(甲지분 40%, 乙지분 60%)을 임대하는 경우 주택임대소득의 비과세 여부를 판정할 때 甲과 乙이 각각 1주택을 소유한 것으로 보아 주택수를 계산한다.

⑤ 법령이 정한 1세대 1주택으로 건축법에 의한 건축허가를 받지 아니하여 등기가 불가능한 주택을 양도한 때에는 이를 미등기 양도자산으로 보지 아니한다.

87 소득세법상 양도소득세 비과세에 대한 설명 중 틀린 것은?

① 장기할부조건으로 취득한 자산으로서 그 계약조건에 의하여 양도당시 그 자산의 취득에 관한 등기가 불가능한 자산은 양도소득세 비과세가 배제되는 미등기 양도 자산에 해당한다.

② 하나의 건물이 주택과 주택 외의 부분으로 복합되어 있는 경우로서 주택 외의 부분이 주택 부분보다 큰 경우에는 그 주택 부분만 주택으로 본다(단, 고가주택이 아님).

③ 2개 이상의 주택을 같은 날에 양도하는 경우에는 당해 거주자가 선택하는 순서에 따라 주택을 양도한 것으로 본다.

④ 거주자가 조정대상지역의 공고가 있은 날 이전에 매매계약을 체결하고 계약금을 지급한 사실이 증빙서류에 의하여 확인되는 경우에는 거주기간의 제한을 받지 아니한다.

⑤ 거주 혹은 보유 중에 소실 등으로 인하여 멸실되어 재건축한 주택은 그 멸실된 주택과 재건축한 주택에 대한 기간을 통산하여 거주 또는 보유기간을 계산한다.

88 다음 중 양도소득세 비과세가 되는 경우로서 옳은 것은?

① 甲이 고등학생 자녀의 취학 관계로 6개월 동안 거주하던 주택을 양도하고 서울로 이사한 경우

② 乙이 실지거래가액이 7억원인 아파트를 6개월 거주하던 중 질병요양 등의 원인으로 양도하고 대전으로 이사한 경우

③ 1년 보유하던 주택이 공공사업으로 수용된 경우

④ 대전광역시에 소재하는 주택을 1년 2개월 동안 보유하고 6개월 동안 거주하던 중 양도한 경우로서 근무상 형편으로 다른 시로 이사한 경우

⑤ 1년 6개월을 보유하고 1년 거주한 주택을 근무상 형편으로 양도하고 동일한 시군으로 주거를 이전한 경우

89 다음은 양도소득세 비과세에 대한 다음의 설명 중 틀린 것은?

① 국내에 1주택을 소유한 1세대가 종전주택을 취득한 날로부터 1년이 지난 후 다른 주택을 취득함으로써 일시적인 2주택이 된 경우에는 다른 주택을 취득한 날로부터 3년 이내에 종전의 주택을 양도하는 경우에는 이를 1세대 1주택으로 보아 비과세 규정을 적용한다.

② 경작상 필요에 의해 농지를 교환한 경우 교환하는 토지의 차액이 큰 토지가격의 1/4 이하이어야 하며 교환으로 취득한 농지를 3년 이상 농지소재지에서 거주하면서 경작하여야 한다.

③ 영농의 목적으로 취득한 귀농 주택으로서 수도권 밖의 지역 중 면 지역에 소재하는 주택과 일반주택을 국내에 각각 1개씩 소유하고 있는 1세대가 귀농 주택을 취득한 날부터 5년 이내에 일반주택을 양도하는 경우에는 국내에 1개의 주택을 소유하고 있는 것으로 보아 비과세 규정을 적용한다.

④ 근무상 형편 등으로 취득한 수도권 밖에 소재하는 주택과 일반주택을 국내에 각각 1개씩 소유하고 있는 1세대가 부득이한 사유가 해소된 날부터 3년 이내에 일반주택을 양도하는 경우에는 국내에 1개의 주택을 소유하고 있는 것으로 보아 비과세 규정을 적용한다.

⑤ 1주택을 보유하는 자가 1주택을 보유하는 자와 혼인함으로써 1세대 2주택을 보유하게 되는 경우 혼인한 날로부터 10년 이내 먼저 양도하는 주택은 1세대 1주택으로 보아 비과세 규정을 적용한다.

90 1세대 1주택 비과세에 대한 설명 중 틀린 것은?

① 국내에 주택 1채와 국외에 1채의 주택을 소유하고 있는 거주자 甲이 국내 주택을 먼저 양도하는 경우 2년 이상(거주기간 2년 이상) 보유한 경우 비과세한다.

② 1세대 1주택인 고가주택을 2년 이상 보유·거주한 후 양도한 경우 양도가액 중 12억원을 초과하는 부분의 양도차익에 대해서는 양도소득세가 과세된다.

③ 배우자가 사망하거나 이혼한 경우에는 배우자가 없는 경우에도 1세대로 본다.

④ 1세대 1주택으로서 1년 이상 보유한 주택을 법령이 정하는 취학 등 기타 부득이한 사유로 양도하는 경우에는 보유기간의 제한을 받지 아니한다.

⑤ 1세대를 판단할 때 법률상 이혼을 하였으나 생계를 같이 하는 등 사실상 이혼한 것으로 보기 어려운 경우 동일 세대로 본다.

91 다음은 양도소득세의 신고와 납부에 대한 설명이다. 틀린 것은?

① 양도소득세의 과세기간은 매년 1월 1일부터 12월 31일까지이며 당해 연도의 양도 소득금액이 있는 거주자는 확정신고의 경우 당해 연도의 다음 연도 5월 1일부터 5월 31일까지 양도소득 과세표준 확정신고를 하여야 한다.

② 해당 과세기간의 과세표준이 없거나 결손금액이 있는 경우에도 확정신고를 하여 야 한다.

③ 양도를 하였는데도 양도차익이 없거나 양도차손이 발생한 경우에도 양도소득세 예정신고를 하여야 한다.

④ 부동산을 양도한 후 양도일이 속한 달의 말일부터 2개월 이내에 예정신고를 하지 아니한 경우에는 무신고가산세가 부과되며 이 경우 확정신고와 관련한 가산세가 다시 부과되지 않는다.

⑤ 「부동산 거래 신고 등에 관한 법률」에 따른 토지거래계약에 관한 허가구역에 있는 토지를 양도할 때 허가를 받은 후 대금을 청산한 경우에는 허가일이 속하는 달의 말일부터 2개월 이내 예정신고를 하여야 한다.

92 다음 중 양도소득세에 대한 설명으로 옳은 것은?

① 거주자가 국내 상가 건물을 양도한 경우 거주자의 주소지와 상가 건물의 소재지가 다르다면 양도소득세의 납세지는 양도자의 주소지이다.

② 예정신고납부를 하는 경우 예정신고 산출세액에서 감면세액을 빼고 수시부과 세 액이 있을 때에는 이를 공제하지 아니한 세액을 납부한다.

③ 거주자가 국외 토지를 양도한 경우 양도일까지 계속해서 3년간 국내에 주소를 둔 경우에는 양도소득 과세표준 예정신고를 하여야 한다.

④ 양도소득세 납부세액이 1,000만원을 초과하는 경우 국내 소재 부동산으로 물납이 가능하다.

⑤ 「건축법 시행령」 별표 제1호 다목에 해당하는 다가구주택은 해당 다가구주택을 구획된 부분별로 양도하지 아니하고 하나의 매매단위로 양도하는 경우에는 구획 된 구분별로 각각을 하나의 주택으로 본다.

93 다음은 양도소득세에 대한 설명이다. 옳은 것은?

① 국내 거주자가 토지와 주식을 동일 연도에 양도하는 경우 각각 발생한 결손금은 양도소득금액 계산시 이를 통산한다.

② 부동산을 취득할 수 있는 권리의 양도시 기준시가는 양도일까지 불입한 금액을 말하며 양도일 현재 프리미엄에 상당하는 금액은 포함하지 아니한다.

③ 예정신고납부를 할 때 납부할 세액은 양도차익에서 장기보유특별공제와 양도소득 기본공제를 한 금액에 해당 양도소득세 세율을 적용하여 계산한 금액을 그 산출세액으로 한다.

④ 양도소득세 납부세액이 1,600만원인 경우 최대 800만원을 분할납부할 수 있다.

⑤ 양도소득세 분납은 예정신고의 경우에만 적용하고 확정신고의 경우에는 적용하지 아니한다.

94 다음은 양도소득세에 대한 설명이다. 틀린 것은?

① 예정신고기한 내 신고를 하지 않은 경우 확정신고 기한까지 신고를 한 경우에는 무신고가산세의 100분의 50을 경감한다.

② 1주택을 2 이상의 주택으로 분할하여 양도한 경우에는 먼저 양도하는 부분의 주택은 1세대 1주택으로 본다.

③ 예정신고를 한 자는 확정신고를 하지 아니할 수 있다. 다만, 해당 과세기간에 누진세율 적용 대상 자산에 대한 예정신고를 2회 이상 하는 경우로서 이미 신고한 양도소득금액과 합산하여 신고하지 아니한 경우에는 확정신고를 하여야 한다.

④ 거주자가 건물을 신축 또는 증축(증축의 경우 바닥면적 합계 85m²를 초과하는 경우에 한정)하고 신축 또는 증축한 건물의 취득일 또는 증축일로부터 5년 이내 해당 건물을 양도하는 경우로서 감정가액 또는 환산취득가액을 그 취득가액으로 하는 경우에는 해당 건물 감정가액 또는 환산취득가액의 100분의 5에 해당하는 금액을 양도소득 결정세액에 더한다.

⑤ 양도소득세는 납부하여야 할 세액에 대하여는 부가세가 과세되지 아니하고 독립세인 지방소득세 10%가 별도로 과세된다.

95 거주자인 개인 甲이 乙로부터 부동산을 취득하여 보유하고 있다가 丙에게 양도하였다. 甲의 부동산 관련 조세의 납세의무에 관한 설명으로 틀린 것은? (단, 주어진 조건 외에는 고려하지 않음)

① 甲이 乙로부터 증여 받은 것이라면 취득일이 속한 달의 말일부터 3개월 이내 취득세를 신고하여야 한다.

② 甲이 乙로부터 부동산을 취득 후 재산세 과세기준일까지 등기하지 않았다면 재산세와 관련하여 乙은 부동산소재지 관할 지방자치단체의 장에게 과세기준일로부터 15일 이내 소유권 변동 사실을 신고하여야 한다.

③ 양도소득세의 예정신고만으로 甲의 양도소득세 납세의무가 확정되지 아니한다.

④ 甲이 乙로부터 부동산을 40만원에 취득한 경우 등록면허세 납세의무가 있다.

⑤ 甲이 종합부동산세를 신고 · 납부 방식으로 납부하고자 하는 경우 과세표준과 세액을 해당 연도 12월 1일부터 12월 15일까지 관할 세무서장에게 신고하는 때 납세의무가 확정된다.

96 다음은 현행 우리나라 소득세법에 관한 설명이다. 틀린 것은?

① 소득세법상의 거주자는 국내외에서 발생된 소득에 대하여 납세의무를 진다. 다만, 비거주자는 국내소득에 대하여만 소득세의 납세의무를 진다.

② 양도소득에 대한 과세표준은 종합소득 및 퇴직소득에 대한 과세표준과 구분하여 계산한다.

③ 주거용 건물 임대업에서 발생한 결손금은 종합소득 과세표준을 계산할 때 공제한다.

④ 국내에 주소지가 없는 거주자의 경우 소득세 납세지는 국내 원천소득이 발생한 장소이다.

⑤ 국외자산 양도시 납세의무자는 국외자산 양도일까지 계속해서 5년 이상 주소 또는 거소를 둔 자이다.

97 국외자산 양도에 대한 설명으로 틀린 것은?

① 국외자산 양도로 발생하는 소득이 환율변동으로 인하여 외화차입금으로부터 발생하는 환차익을 포함하고 있는 경우에는 해당 환차익을 양도소득 범위에서 제외한다.

② 양도차익 계산시 필요경비의 외화환산은 지출일 현재 외국환거래법에 의한 기준환율 또는 재정환율에 의한다.

③ 국외주택 양도소득에 대하여 납부하였거나 납부할 국외주택 양도소득세액은 해당 과세기간의 국외주택 양도소득금액 계산상 필요경비에 산입할 수 있다.

④ 국외자산 양도가액은 실지거래가액이 있더라도 양도당시 현황을 반영한 시가에 의하는 것이 원칙이다.

⑤ 국외자산 양도시 장기보유특별공제는 적용하지 않지만 양도소득기본공제는 적용한다.

98 다음 중 거주자 甲이 국외자산을 양도한 경우에 대한 설명 중 틀린 것은?

① 甲이 양도일까지 계속 5년 이상 국내에 주소 또는 거소를 둔 경우에만 양도소득에 대한 납세의무가 있다.

② 국외자산 양도시 미등기 중과세를 적용하지 아니한다.

③ 甲의 국외주택에 대한 양도차익은 양도가액에서 취득가액과 필요경비개산공제를 차감하여 계산한다.

④ 甲의 부동산 양도에 대한 납세지는 甲의 주소지를 원칙으로 한다.

⑤ 국외소재 토지 또는 건물은 공부상 등기·등록 여부와 관계없이 모두 양도소득세 과세대상이 된다.

99 소득세법상 주택임대소득에 대한 설명으로 옳지 않은 것은?

① 주택을 1채만 소유한 거주자가 과세기간 종료일 현재 기준시가 15억원인 주택을 전세금을 받고 임대한 경우에는 과세하지 아니한다.

② 공익사업과 관련하여 지역권·지상권을 대여함으로 발생하는 소득은 사업소득에서 제외한다.

③ 국내 소재 3주택 이상[법령이 정하는 소형주택(기준시가 3억원 이하이고, 전용면적 60m² 이하)은 제외]을 소유한 자가 받는 주택 임대보증금의 합계액이 3억원을 초과하는 경우 보증금에 대하여 법령에서 정한 산식으로 계산한 금액을 총수입금액에 산입한다.

④ 해당 과세기간에 법령에 정하는 총수입금액의 합계액이 2천만원 이하인 경우에는 분리과세와 종합과세 중 선택하여 적용할 수 있다.

⑤ 국외주택의 경우 주택수와 관계없이 부동산 임대소득 비과세를 적용하지 아니한다.

100 「소득세법」상 거주자의 주택임대소득의 비과세 및 총수입금액에 관한 설명으로 옳은 것은? (단, 주택은 상시 주거용으로 사업을 위한 주거용이 아님)

① 임대하는 국내 소재 1주택의 비과세 여부 판단시 가액은 「소득세법」상 실지거래가액 12억원을 기준으로 판단한다.

② 사업자가 부동산을 임대하고 임대료 외에 전기료·수도료 등 공공요금의 명목으로 지급받은 금액이 공공요금의 납부액을 초과할 때 그 초과하는 금액은 사업소득 총수입금액에 포함하지 아니한다.

③ 본인과 배우자가 각각 국내 소재 주택을 소유한 경우, 이를 합산하지 아니하고 각 거주자별 소유 주택을 기준으로 주택임대소득 비과세 대상인 1주택 여부를 판단한다.

④ 국내소재 3주택을 소유한 자가 받은 주택임대보증금의 합계액이 4억원인 경우, 그 보증금에 대하여 법령에서 정한 산식으로 계산한 금액을 총수입금액에 산입한다.

⑤ 주택을 임대하여 얻은 소득은 거주자가 사업자 등록을 한 경우에 한하여 소득세 납세의무가 있다.

MEMO

부록

복습문제

본문의 문제를 하나로 모아
다시 한 번 복습할 수 있도록 하였습니다.

복습문제

01 다음 조세에 대한 설명으로 바르지 않은 것은?

① 부동산의 취득과 보유와 양도 단계에 공통으로 과세되는 조세로서 농어촌특별세, 부가가치세, 지방소비세가 있다.

② 지방교육세는 지방세이면서 목적세이고 부가세인 조세이다.

③ 납세의무자란 세법에 의하여 국세 또는 지방세를 납부할 의무가 있는 자(원천징수의무자 및 특별징수의무자 포함)를 말한다.

④ 취득세, 등록면허세, 종합부동산세, 양도소득세는 농어촌특별세가 부가세로 부과될 수 있지만 재산세는 농어촌특별세와 관련이 없다.

⑤ 재산세는 납부세액이 250만원 초과의 경우 3개월 이내 종합부동산세는 250만원 초과의 경우 6개월 이내 양도소득세는 1,000만원 초과의 경우 2개월 이내 분할납부가 가능하다.

02 다음 조세에 관한 내용으로 틀린 것은?

① 과세표준이 증가하면 세율도 점차 증가하는 세율을 누진세율이라 하며 재산세, 종합부동산세(법인 : 주택은 제외), 양도소득세가 이에 해당한다.

② 지방자치단체 징수금이란 지방세와 체납처분비를 말하여 이 경우 지방세 ⇨ 체납처분비 ⇨ 가산세 순서로 징수한다.

③ 강제징수비란 국세징수법 중 강제징수에 관한 규정에 따른 재산의 압류, 보관, 운반과 매각에 든 비용을 말한다.

④ 재산세 도시지역 분은 물납은 가능하지만 부가세 대상은 아니다.

⑤ 시효의 진행 중에 권리의 행사로 볼 수 있는 사유가 발생하면 그때까지 진행되어 온 시효기간이 그 효력을 잃어버리게 되는데 이것을 소멸시효의 중단이라 한다.

03 각 세목별 물납과 분할납부에 대한 설명으로 옳은 것은?

① 재산세 납부세액이 400만원인 경우, 100만원은 납부기한이 지난 날부터 2개월 이내에 분납할 수 있다.

② 종합부동산세 납부세액이 1천만원을 초과하는 경우 물납이 가능하다.

③ 재산세 납부세액이 1천만원을 초과하는 경우에만 물납과 분납이 가능하다.

④ 재산세 병기 고지되는 소방분에 대한 지역자원시설세의 경우에도 재산세를 분할 납부하는 경우 분납이 가능하다.

⑤ 양도소득세 예정신고납부시 납부할 세액이 1천600만원인 경우, 최대 800만원을 납부기한이 지난 날부터 2개월 이내에 분납하게 할 수 있다.

04 국내 소재 부동산의 양도단계에서 부담할 수 있는 세목은 모두 몇 개인가?

㉠ 농어촌특별세	㉡ 소방분 지역자원시설세
㉢ 지방소득세	㉣ 인지세
㉤ 종합소득세	㉥ 지방교육세

① 1개   ② 2개   ③ 3개   ④ 4개   ⑤ 5개

05 다음 중 조세에 대한 설명으로 옳은 것은 모두 몇 개인가?

㉠ 납세자와 담세자가 일치하는 조세를 간접세라 한다.

㉡ 종합부동산세는 무신고가산세는 부과되지 않지만 과소신고가산세는 부과할 수 있다.

㉢ 과세표준신고서를 법정신고기한까지 제출하지 아니한 자가 신고기한이 지난 후 2개월이 되는 때 기한 후 신고를 한 경우 해당 가산세액의 100분의 30을 경감한다.

㉣ 세율이 금액으로 표시되면 정액세율, 비율로 표시되면 정률세율이라 한다.

㉤ 과세표준이 금액으로 표시되면 종량세 무게·수량·건수 등으로 표시되면 종가세이다.

㉥ 지방세 체납액이 5천만원(가산세는 제외한 금액) 이상인 경우 징수권의 소멸시효는 이를 행사할 수 있는 때로부터 10년이다.

㉦ 납부, 충당, 부과철회, 제척기간의 만료, 소멸시효의 완성은 납세의무 소멸사유이다.

㉧ 등록면허세의 경우 지방세 중 특별시세에 해당하는 조세이다.

㉨ 과세권자가 징수권을 일정기간 행사하지 않는 경우 징수권이 소멸시키는 것을 소멸시효라 하며 납세고지, 독촉, 납부최고, 압류, 교부청구는 시효중단 사유에 해당하고 제척기간의 경우에는 중단과 정지사유가 없다.

① 1개   ② 2개   ③ 3개   ④ 4개   ⑤ 5개

06 다음 중 납세의무 성립시기와 확정시기에 대한 설명으로 옳은 것은 몇 개인가?

> ㉠ 지방교육세는 그 과세표준이 되는 세목의 납세의무가 성립하는 때 납세의무가 성립하고 수시부과에 의해 징수하는 재산세는 과세기준일에 납세의무가 성립한다.
> ㉡ 종합부동산세는 과세기간이 끝나는 때 납세의무가 성립하고 납세의무자가 신고하는 때 납세의무가 확정된다.
> ㉢ 소득세는 소득이 발생하는 때 납세의무가 성립되며 납세의무자가 신고하는 때 납세의무가 확정된다.
> ㉣ 취득세는 과세물건을 취득한 때 납세의무가 성립하고 납세의무자의 신고가 없는 경우에는 과세권자가 결정하는 때 납세의무가 확정된다.
> ㉤ 재산세는 과세기준일에 납세의무가 확정된다.
> ㉥ 중간예납하는 소득세는 매년 6월 30일에 납세의무가 성립한다.
> ㉦ 지방소득세는 소득세 법인세 납세의무가 성립하는 때 납세의무가 성립한다.
> ㉧ 개인분 또는 사업소분 주민세는 과세기준일(매년 7월 1일)에 납세의무가 성립한다.

① 1개   ② 2개   ③ 3개
④ 4개   ⑤ 5개

07 지방세는 법령으로 정하는 바에 따라 부과할 수 있는 날부터 일정한 기간이 만료되는 날까지 부과하지 아니한 경우에는 부과할 수 없다. 「지방세기본법」에서 규정하고 있는 부과의 제척기간에 관한 설명으로 옳은 것은?

① 납세자가 사기나 그 밖의 부정한 행위로 지방세를 포탈하거나 환급·공제 또는 감면받은 경우: 15년
② 상속을 원인으로 취득하는 경우로서 납세자가 법정신고기한까지 과세표준 신고서를 제출하지 아니한 경우: 7년
③ 「부동산 실권리자명의 등기에 관한 법률」 제2조 제1호에 따른 명의신탁약정으로 실권리자가 사실상 취득하는 경우로서 납세자가 법정신고기한까지 과세표준신고서를 제출하지 아니한 경우: 10년
④ 증여(부담부증여를 포함한다)를 원인으로 취득하는 경우로서 납세자가 법정신고기한까지 과세표준 신고서를 제출하지 아니한 경우: 15년
⑤ 타인의 명의로 법인의 주식 또는 지분을 취득하였지만 해당 주식 또는 지분의 실권리자인 자가 과점주주가 되어 해당 법인의 부동산 등을 취득한 것으로 보는 경우로서 납세자가 법정신고기한까지 과세표준 신고서를 제출하지 아니한 경우: 15년

08 다음 중 법정기일과 제척기간 기산일에 대한 설명으로 옳지 않은 것은?

① 과세표준과 세액을 신고하는 조세의 경우 신고기한의 다음 날이 제척기간의 기산일이다.

② 종합부동산세의 제척기간 기산일은 납세의무성립일이다.

③ 과세표준과 세액을 지방자치단체의 장이 결정, 경정하는 경우 고지한 해당 세액에 대하여는 납세고지서 발송일이 법정기일이다.

④ 과세표준과 세액의 신고에 의하여 납세의무가 확정되는 조세의 경우 그 신고기한의 다음 날이 법정기일이다.

⑤ 2024년분 재산세 납세의무는 2029년 5월 31일까지 지방자치단체가 부과하지 아니하면 소멸한다.

09 국세기본법 및 지방세기본법상 조세채권과 일반 채권의 관계에 관한 설명으로 틀린 것은?

① 납세담보물 매각시 압류에 관계되는 조세채권은 담보있는 조세채권보다 우선한다.

② 주택의 경우 확정일자를 받은 임차보증금 또는 전세권이 설정된 재산이 국세의 강제징수 또는 경매절차를 통해 매각되어 그 매각대금에서 국세를 징수하는 경우 그 확정일자 또는 설정일보다 법정기일이 늦은 해당 재산에 대하여 부과된 상속세, 증여세, 종합부동산세, 재산세의 우선징수 순서에 대신하여 변제될 수 있다.

③ 취득세 신고서를 납세지 관할 지방자치단체장에게 제출한 날 전에 저당권 설정 등기 사실이 증명되는 재산을 매각하여 그 매각대금에서 취득세를 징수하는 경우 저당권에 따라 담보된 채권은 취득세에 우선한다.

④ 강제집행으로 부동산을 매각할 때 그 매각금액 중에 국세를 징수하는 경우 강제집행 비용은 국세에 우선한다.

⑤ 재산의 매각대금 배분시 당해 재산에 부과된 재산세는 당해 재산에 설정된 저당권에 따라 담보된 채권보다 우선한다.

10 다음 중 가산세에 대한 설명으로 옳지 않은 것은?

① 가산세는 해당 의무가 규정된 세법의 해당 국세 또는 지방세의 세목으로 하고, 해당 국세 또는 지방세를 감면하는 경우에는 가산세도 감면대상에 포함한다.

② 가산세는 납부할 세액에 가산하거나 환급받을 세액에서 공제한다.

③ 납세의무자가 법정신고기한까지 「종합부동산세법」에 따른 과세표준 신고를 하지 아니한 경우 정부부과로 확정되기 때문에 무신고가산세를 부과하지 않는다.

④ 재산세를 납부기한까지 납부를 하지 아니한 경우에는 100분의 3의 납부지연가산세가 부과된다.

⑤ 가산세란 세법에서 규정하는 의무의 성실한 이행을 확보하기 위하여 의무를 이행하지 아니할 경우에 산출한 세액에 가산하여 징수하는 금액을 말한다.

11 부동산 관련 세목의 법정신고기한 또는 납기에 관한 설명으로 틀린 것은?

① 부담부증여로 인한 취득세의 법정신고기한은 취득일이 속한 달의 말일부터 3개월 이내이다.

② 주택에 대한 토지분 재산세의 납기는 매년 9월 16일부터 9월 30일까지이다.

③ 등록면허세 법정신고기한은 등기·등록을 하기 전까지이다.

④ 건물에 대한 양도소득세의 과세표준 확정신고기한은 양도소득이 있는 연도의 다음 연도 5월 31일이다.

⑤ 종합부동산세의 법정신고기한은 납세의무자가 신고납부 방식을 택하는 경우 당해 연도 12월 15일이다.

12 지방세법상 취득세에 대한 설명으로 옳은 것은?

① 매매·교환·법인에 대한 현물출자·건축·개수 등과 기타 이와 유사한 취득으로서 원시취득 또는 유상취득을 말하며 무상승계취득의 경우 취득세를 과세하지 아니한다.

② 취득세는 도세로서 물건의 소재지를 관할하는 도에서 부과함이 원칙이지만 도세 징수 위임에 관한 규정에 따라 시장·군수가 징수하게 된다.

③ 연부취득의 경우 마지막 연부금 지급일 전에 계약을 해제한 경우에 이미 납부한 취득세는 환급하지 아니한다.

④ 토지의 지목을 사실상 변경함으로써 그 가액이 증가나 감소된 경우 그 증감분에 대한 취득이 있는 것으로 본다.

⑤ 차량, 기계장비, 항공기, 선박, 광업권, 어업권의 원시취득의 경우에도 취득으로 보아 과세한다.

13 「지방세법」상 과점주주의 취득세 납세의무에 관한 설명으로 틀린 것은?

① 과점주주 집단내부 및 특수관계자 간의 주식이 이전되었으나 과점주주 집단이 소유한 총주식의 비율에 변동이 없는 경우에 취득세 납세의무가 없다.

② 개인이 새로 취득한 지분비율이 50%인 경우에 취득세 납세의무가 없다.

③ 개인이 비상상법인 설립시 60% 지분을 취득한 경우에 취득세 납세의무가 있다.

④ 다른 주주의 주식이 감자됨으로써 비상장법인의 지분비율이 60%에서 70%로 증가한 경우에 취득세 납세의무가 없다.

⑤ 이미 과점주주가 된 주주가 해당 법인의 주식을 취득하여 해당 법인의 주식의 총액에 대한 과점주주가 가진 주식의 비율이 증가된 경우에는 그 증가분을 취득으로 보아 취득세를 부과한다. 이 경우 증가된 후의 주식의 비율이 해당 과점주주가 이전에 가지고 있던 주식의 최고비율보다 증가되지 아니한 경우에는 취득세를 부과하지 아니한다.

14 다음은 취득세를 과세함에 있어서 취득시기를 설명한 것이다. 옳은 것은 몇 개인가?

> ㉠ 개인 간 건축물의 유상승계 취득의 경우 그 계약상잔금지급일을 취득일로 본다.
> ㉡ 관계 법령에 따라 매립 간척 등으로 토지를 원시취득하는 경우로서 공사준공일 이전에 사실상 사용하는 경우에는 그 사실상 사용일을 취득일로 본다.
> ㉢ 건축물 건축의 경우 사용승인서를 내주는 날 과 사실상 사용일 중 빠른날을 취득일로 본다.
> ㉣ 「주택법」에 따른 주택조합이 주택건설사업을 하면서 조합원으로부터 취득하는 토지 중 조합원에게 귀속되지 아니하는 토지를 취득하는 경우 「주택법」 제49조에 따른 사용검사를 받은 날에 그 토지를 취득한 것으로 본다.
> ㉤ 토지의 지목변경에 따른 취득은 지목변경 전에 사용하는 경우에는 사실상 사용일을 취득일로 본다.
> ㉥ 「도시 및 주거환경정비법」 제35조 제3항에 따른 재건축조합이 재건축사업을 하면서 조합원으로부터 취득하는 토지 중 조합원에게 귀속되지 아니하는 토지를 취득하는 경우에는 「도시 및 주거환경정비법」 제86조 제2항에 따른 소유권이전고시일에 취득한 것으로 본다.
> ㉦ 증여로 취득한 경우에는 증여 받은 날을 취득일로 본다.

① 2개   ② 3개   ③ 4개
④ 5개   ⑤ 6개

15 **취득세 납세의무자에 대한 설명으로 옳은 것은?**

① 부동산 등의 취득은 등기·등록 등을 하지 아니한 경우에는 사실상 취득한 경우에도 납세의무가 없다.

② 「공간정보의 구축 및 관리 등에 관한 법률」 제67조에 따른 대(垈) 중 「국토의 계획 및 이용에 관한 법률」 등 관계 법령에 따른 택지공사가 준공된 토지에 건축물을 건축하면서 그 건축물에 부수되는 정원 및 부속시설물 등을 조성·설치하는 경우에는 토지소유자가 취득한 것으로 본다.

③ 토지의 지목이 사실상 변경됨으로써 그 가액이 증가한 경우에는 사실상으로 지목이 변경된 시점의 해당 토지의 소유자가 납세의무자가 된다.

④ 「도시개발법」에 따른 되개발사업(환지방식만 해당한다)의 시행으로 토지의 지목이 사실상 변경된 경우 그 환지계획에 따라 공급되는 환지는 사업시행자가 체비지 또는 보류지는 조합원이 각각 취득한 것으로 본다.

⑤ 「도시개발법」에 따른 도시개발사업과 「도시 및 주거환경정비법」에 따른 정비사업의 시행으로 해당 사업의 대상이 되는 부동산의 소유자(상속인을 포함한다)가 환지계획 또는 관리처분계획에 따라 공급받는 건축물은 그 소유자가 승계취득한 것으로 보고 토지상환채권으로 상환받는 토지의 경우에는 그 소유자가 원시취득한 것으로 본다. 이 경우 토지는 당초 소유한 토지 면적을 초과하는 경우로서 그 초과한 면적에 해당하는 부분에 한하여 취득한 것으로 본다.

16 **다음 중 취득세 과세표준에 대한 설명으로 옳지 않은 것은?**

① 취득세 과세표준은 취득 당시 가액으로 한다. 다만, 연부로 취득하는 경우에는 연부금액(매회 사실상지급되는 금액을 말하며 취득금액에 포함되는 계약보증금을 포함한다)으로 한다.

② 부동산 등을 원시취득하는 경우 취득 당시 가액은 사실상 취득가격으로 한다. 다만, 법인이 아닌 자가 건축물을 건축하여 취득하는 경우로서 사실상 취득가격을 확인할 수 없는 경우에는 취득 당시 가액은 시가표준액으로 한다.

③ 부담부증여의 경우 유상으로 취득한 것으로 보는 채무액에 상당하는 부분(채무부담액)은 시가인정액을 한도로 한다.

④ 부동산 등을 증여로 취득한 경우에는 시가표준액을 취득 당시 가액으로 한다.

⑤ 토지의 지목을 사실상 변경한 경우 취득 당시 가액은 그 변경으로 증가한 가액에 해당하는 사실상 취득가격으로 한다. 다만, 법인이 아닌 자가 토지의 지목을 사실상 변경한 경우로서 사실상 취득가격을 확인할 수 없는 경우에는 지목변경 후 시가표준액에서 지목변경 전 시가표준액을 뺀 가액으로 한다.

17 취득세의 과세표준에 관한 설명이다. 틀린 것은?

① 대물변제의 경우 대물변제액(대물변제액 외의 추가로 지급한 금액이 있는 경우에는 그 금액을 포함한다) 다만 대물변제액이 시가인정액보다 적은 경우 취득 당시가액을 시가인정액으로 한다.

② 부동산 등을 일괄취득 함으로 인하여 부동산에 대한 취득가액이 구분되지 않는 경우 일괄취득가액을 시가표준액의 비율로 안분계산한 금액을 부동산 등의 가액으로 한다.

③ 건설자금이자의 경우 개인과 법인의 경우 모두 취득가격에 포함되지만 연체료, 할부이자와 중개보수의 경우 법인의 경우에만 취득가격에 포함한다.

④ 취득대금을 일시급 등으로 지급하여 일정액을 할인받은 경우에는 그 할인된 금액을 취득가격으로 한다.

⑤ 부가가치세는 취득가격에 포함하지 아니한다.

18 취득세 과세표준에 대한 설명이다. 옳지 않은 것은?

① 부동산을 유상승계로 취득하는 경우 사실상 취득가격을 과세표준으로 한다.

② 부동산을 유상승계로 취득하는 경우로서 특수관계인간의 거래로 그 취득에 대한 조세부담을 부당하게 감소시키는 행위 또는 계산을 한 것으로 인정되는 경우에는 시가표준액을 취득당시가액으로 결정할 수 있다.

③ 부동산 등을 상속으로 취득한 경우 시가표준액을 과세표준으로 한다.

④ 취득물건에 대한 시가표준액이 1억원 이하인 부동산 등을 무상취득(상속은 제외)하는 경우 시가인정액과 시가표준액 중 납세자가 정하는 가액을 취득당시가액으로 한다.

⑤ 증여자의 채무를 인수하는 부담부증여의 경우 유상으로 취득한 것으로 보는 채무인수액에 상당하는 부분에 대해서는 유상승계취득의 과세표준을 적용하고 취득물건의 시가인정액에서 채무부분을 뺀 잔액에 대해서는 무상취득의 과세표준을 적용한다.

19 취득세 표준세율에 대한 설명 중 옳지 않은 것은?

① 상속으로 인한 농지 취득: 1천분의 23

② 사회복지사업법에 따라 설립된 사회복지법인이 독지가의 기부에 의한 건물 취득: 1천분의 28

③ 취득 당시의 가액이 6억원인 1주택을 상속으로 취득한 경우: 1천분의 10

④ 유상거래를 원인으로 인한 농지 외 부동산 취득: 1천분의 40

⑤ 법령으로 정한 비영리사업자의 상속 외의 무상 취득: 1천분의 28

20 「지방세법」상 아래의 부동산 등을 신(증)축하는 경우 취득세가 중과(重課)되지 않는 것은 몇 개인가? (단, 「지방세법」상 중과요건을 충족하는 것으로 가정함)

> ㉠ 병원의 병실
> ㉡ 골프장
> ㉢ 고급주택
> ㉣ 법인 본점의 사무소전용 주차타워
> ㉤ 대도시에서 법인이 사원에 대한 임대용으로 직접 사용할 목적으로 취득한 사원주거용 목적의 공동주택[1구의 건축물의 연면적(전용면적을 말한다)이 60제곱미터 이하임]
> ㉥ 「수도권정비계획법」에 의한 과밀억제권역 안에서 공장을 신설하거나 증설하기 위한 사업용 과세물건

① 1개   ② 2개   ③ 3개
④ 4개   ⑤ 5개

21 다음은 표준세율에서 중과기준세율을 뺀 세율을 적용하는 것으로 옳지 않은 것은?

① 환매등기를 병행하는 부동산의 매매로서 환매기간 내에 매도자가 환매한 경우의 그 매도자와 매수자의 취득

② 건축물의 이전으로 인한 취득(이전한 건축물의 가액이 종전 건축물의 가액을 초과하지 아니함)

③ 상속으로 인한 취득 중 법령으로 정하는 1가구 1주택 및 그 부속토지의 취득

④ 공유물 합유물의 분할로 인한 취득

⑤ 차량·기계장비·선박의 종류변경으로 가액이 증가한 경우

22 다음 중 중과기준세율을 적용하지 않는 것으로 옳은 것은?

① 존속기간이 1년을 초과하는 임시사용 건축물의 취득

② 「법인세법」 제44조 제2항 또는 제3항에 해당하는 법인의 합병으로 인한 취득

③ 개수로 인한 건축물의 취득(개수로 인하여 면적이 증가하지 아니함)

④ 무덤과 이제 접속된 부속시설물의 부지로 사용되는 토지로서 지적공부상 지목이 묘지인 토지의 취득

⑤ 토지의 지목을 사실상 변경하여 그 가액이 증가한 경우

23 다음은 취득세 세율에 대한 설명으로 틀린 것은?

① 유상, 상속, 증여 등으로 취득하는 부동산이 공유물일 때에는 그 취득지분의 가액을 과세표준으로 하여 각각의 해당 세율을 적용한다.

② 주택을 신축 또는 증축한 이후 해당 주거용 건축물의 소유자(배우자 및 직계존비속을 포함한다)가 해당 주택의 부속토지를 유상 취득하는 경우 주택 유상거래 세율을 적용한다.

③ 조정대상 외의 지역 내 1주택과 분양권을 소유한 1세대가 해당 지역의 주택을 유상으로 취득하는 경우 「지방세법」 제11조 제1항 제7호 나목을 해당 표준세율로 하여 중과기준세율의 100분의 200을 합한 세율을 적용한다.

④ 개수로 인하여 면적이 증가한 경우에는 원시취득으로 보아 28/1,000의 세율을 적용하고 가액이 증가한 경우 간주취득으로 중과기준세율을 적용한다.

⑤ 법인이 주택을 유상승계취득하는 경우 「지방세법」 제11조 제1항 제7호 나목을 해당 표준세율로 하여 중과기준세율의 100분의 400을 합한 세율을 적용한다.

24 취득세 비과세에 대한 설명으로 옳지 않은 것은?

① 신탁재산의 취득 중 주택조합 등과 조합원 간의 부동산 취득 및 주택조합 등의 비조합원용 부동산 취득은 취득세를 부과하지 아니한다.

② 국가·지방자치단체·지방자치단체조합의 취득에 대하여는 취득세를 부과하지 아니한다. 다만, 대한민국 정부기관의 취득에 대하여 과세하는 외국 정부의 취득에 대하여는 그러하지 아니하다.

③ 지방자치단체에 기부채납을 조건으로 부동산을 취득하는 경우라도 그 반대급부로 기부채납 대상물의 무상사용권을 제공받은 때에는 그 해당 부분에 대해서는 취득세를 부과한다.

④ 임시흥행장 공사현장사무소(사치성재산 제외) 등 임시 건축물(존속기간이 1년을 초과하지 않음)의 취득에 대하여는 취득세를 부과하지 아니한다.

⑤ 주택법 규정에 따른 공동주택의 개수(건축법상 대수선 제외)로 인한 취득 중 시가표준액이 9억원 이하인 주택과 관련된 개수로 인한 취득에 대하여는 취득세를 부과하지 아니한다.

25 다음은 취득세의 납세지에 대한 설명이다. 틀린 것은?

① 부동산의 경우는 부동산 소재지를 납세지로 한다.

② 취득세는 취득물건의 소재지를 관할하는 특별시, 광역시, 도에서 그 취득자에게 부과하는 도세이다.

③ 취득세는 도세징수의 위임에 관한 규정에 따라 실제로 취득세 부과·징수는 과세대상 물건의 소재지를 관할하는 시장·군수·구청장이 징수하게 된다.

④ 납세지가 분명하지 아니한 경우에는 취득자의 주소지를 그 납세지로 한다.

⑤ 같은 취득물건이 둘 이상의 지방자치단체에 걸쳐 있는 경우 각 시, 군에 납부할 취득세를 산출할 때 그 과세표준은 취득당시의 가액을 취득물건의 소재지별 시가표준액으로 나누어 계산한다.

26 취득세의 부과징수에 대한 설명이다. 틀린 것은?

① 등기·등록의 관서의 장은 취득세가 납부되지 아니하였거나 납부부족액을 발견하였을 때에는 다음 달 10일까지 납세지를 관할하는 시장·군수에게 통보하여야 한다.

② 토지 또는 건축물을 취득한 자가 그 취득일로부터 1년 이내에 인접된 토지나 건축물을 취득한 경우에는 이를 1건의 토지 또는 건축물을 취득한 것으로 간주하여 면세점 여부를 판단한다.

③ 재산권 그 밖의 권리의 취득 이전에 관한 사항을 공부에 등기하거나 등록을 하려는 경우 취득일로부터 60일 이내에 취득세를 신고하고 납부하여야 한다.

④ 토지의 지목변경에 따라 사실상 그 가액이 증가된 경우 취득세의 신고를 하지 않고 매각하더라도 취득세 중가산세 규정은 적용되지 아니한다.

⑤ 취득세의 신고기한이 지난 후 2개월이 되는 때에 당해 취득세를 부과 고지 받기 전까지 신고한 경우 신고 불성실 가산세를 100분의 30을 경감한다. 이 경우 지방자치단체의 장은 신고일부터 3개월 이내에 그 지방세의 과세표준과 세액을 결정하고 그 내용을 통지하여야 한다.

27 지방세법상 취득세 부과징수에 관한 설명으로 옳은 것은?

① 취득세가 일반과세대상에서 중과세대상이 된 때에는 중과세 대상이 된 날로부터 60일 이내에 그 산출세액에서 이미 납부한 세액(가산세 포함)을 공제한 세액을 신고·납부하여야 한다.

② 부담부증여로 취득한 경우 취득일로부터 3개월 이내 취득세를 신고하고 납부하여야 한다.

③ 취득세 중과세율 적용시 주택수를 계산할 때 주택으로 재산세를 과세하는 오피스텔은 해당 오피스텔을 소유한 자의 주택수에 가산한다

④ 부동산등기법에 따라 채권자대위권에 의한 등기신청를 하려는 채권자는 납세의무자를 대위하여 취득세를 신고납부할 수 있다. 이 경우 지방자치단체의 장은 납세의무자에게 그 사실을 다음 달 10일까지 통보하여야 한다.

⑤ 무상승계취득한 취득물건을 취득일에 등기·등록한 후 화해조서·인낙조서에 의하여 취득일부터 60일 이내에 계약이 해제된 사실을 입증하는 경우에는 취득한 것으로 보지 아니한다.

28 다음 중 취득세에 대한 설명으로 틀린 것은?

① 취득세 납세의무자가 취득세 과세물건을 사실상 취득한 후 신고를 하지 아니하고 매각하는 경우에는 산출세액의 100분의 80을 가산한 금액을 세액으로 하여 보통징수 방법으로 징수한다.

② 지방자치단체의 장은 취득세 납세의무가 있는 법인이 장부 등의 작성과 보존의무를 이행하지 아니한 경우에는 산출된 세액 또는 부족세액의 100분의 20에 상당하는 금액을 징수하여야 할 세액에 가산한다.

③ 납세의무자가 신고기한까지 취득세를 시가인정액으로 신고한 후 지방자치단체의 장이 세액을 경정하기 전까지 그 시가인정액을 수정신고한 경우에는 과소신고가산세를 부과하지 아니한다.

④ 고급주택·골프장 또는 고급오락장용 건축물을 증축·개축 또는 개수한 경우와 일반건축물을 증축·개축 또는 개수하여 고급주택 또는 고급오락장이 된 경우에는 증가한 건축물 가액에 대하여 중과세율을 적용한다.

⑤ 국가·지방자치단체·지방자치단체조합이 취득세 과세물건을 매각하면 매각일로부터 30일 이내에 대통령령으로 정하는 바에 따라 그 물건 소재지를 관할하는 지방자치단체의 장에게 통보하거나 신고하여야 한다.

29 다음 자료에 의해 乙이 甲으로부터 부동산을 취득한 경우 취득세에 대한 설명으로 옳지 않은 것은?

> • 취득일 : 2024년 10월 26일
> • 취득세 신고기한 내 등기하고자 함
> • 충청남도 천안 소재 부동산임
> • 대전광역시 서구에 거주함
> • 취득가격 : 6억원

① 신고납부 기한 내 공부에 등기를 하려는 경우에는 등기 또는 등록 신청서를 등기등록관서에 접수하는 날까지 취득세를 신고하고 납부하여야 한다.

② 부동산을 증여로 취득한 경우에는 시가인정액을 취득세 과세표준으로 한다.

③ 무주택자로서 취득한 부동산이 주택인 경우 유상거래 취득인 경우 취득세 세율은 10/1,000이다.

④ 乙이 부동산을 유상으로 취득한 경우 대전광역시 서구에 취득일로부터 60일 이내 취득세를 신고하고 납부하여야 한다.

⑤ 乙의 경우 취득할 때 납세의무가 성립하고 신고하는 때 납세의무가 확정되며 만일 신고를 하지 아니한 경우에는 과세권자 결정하는 때 납세의무가 확정된다.

30 다음 중 등록면허세에 대한 설명으로 틀린 것은?

① 등기·등록관서의 장은 등기 또는 등록 후에 등록면허세가 납부되지 아니하였거나 납부부족액을 발견한 경우에는 다음 달 10일까지 납세지를 관할하는 시장·군수·구청장에게 통보하여야 한다.

② 등록면허세를 신고를 하지 아니한 경우라도 등록면허세 산출세액을 등기·등록을 하기 전까지 납부한 때에는 신고를 하고 납부한 것으로 보아 신고불성실가산세를 부과하지 아니한다.

③ 같은 채권의 담보를 위하여 설정하는 2 이상의 저당권의 등기·등록에 있어서는 이를 하나의 등기·등록으로 보아 처음 등기·등록하는 등기소 또는 등록관청 소재지를 납세지로 한다.

④ 채권금액에 의하여 과세표준을 정하는 경우에 일정한 채권금액이 없을 때에는 채권의 목적이 된 것 또는 처분제한의 목적이 된 금액을 그 채권금액으로 본다.

⑤ 한국은행법이나 한국수출입은행법에 따른 은행업을 영위하는 법인이 대도시에서 지점이나 분사무소를 설치함에 따른 법인등기를 하는 경우 그 세율은 표준세율의 100분의 300으로 중과세한다.

31 다음은 등록면허세 과세표준에 대한 설명이다. 틀린 것은?

① 부동산 등기의 경우 등록면허세 납세지는 부동산 소재지이며 납세지가 불분명한 경우에는 등록관청소재지를 납세지로 한다.

② 가압류, 가처분의 경우에는 채권금액을 과세표준으로 하나 가등기의 경우에는 부동산가액 또는 채권금액을 과세표준으로 한다.

③ 지상권 설정등기를 말소하는 경우에는 부동산가액을 과세표준으로 한다.

④ 전세권 설정은 전세금액을, 지역권 설정은 요역지가액을 과세표준으로 한다.

⑤ 취득세 부과제척기간이 경과한 물건의 등기 또는 등록의 과세표준은 등록당시가액과 취득당시가액 중 높은 가액으로 한다.

32 다음은 등록면허세의 세율에 관한 내용으로 틀린 것은?

① 임차권 설정등기의 경우 월 임대차금액의 2/1,000에 해당하는 세율을 적용한다.

② 부동산 등기의 경우에 한하여 등록면허세 세율을 표준세율의 100분의 50의 범위에서 가감조정할 수 있다.

③ 증여로 인한 소유권이전등기의 경우 부동산가액의 1,000분의 15의 세율을 적용한다.

④ 전세권 설정등기를 말소하는 경우에는 전세금액의 1,000분의 2의 세율을 적용한다.

⑤ 등록면허세는 부동산의 등기의 경우 세액이 6,000원 미만인 경우 그 세액을 6,000원으로 한다.

33 다음은 등록면허세에 대한 설명이다. 틀린 것은?

① 등기 또는 등록이 된 후 무효 또는 취소로 등기·등록이 말소된 경우에도 이미 납부한 등록면허세는 과오납으로 환급할 수 없다.

② 같은 등록에 관계되는 재산이 둘 이상의 지방자치단체에 걸쳐 소재하고 있어 등록면허세를 지방자치단체별로 부과할 수 없을 때에는 등록관청 소재지를 납세지로 한다.

③ 사실상 취득가격을 등록면허세 과세표준으로 하는 경우 등록당시 자산재평가의 사유로 그 가액이 달라진 경우에는 자산재평가 전 가액을 과세표준으로 한다.

④ 등록면허세의 경우 채권자 대위자는 납세의무자를 대위하여 부동산의 등기에 대한 등록면허세를 신고·납부할 수 있다. 이 경우 채권자 대위자는 행정안전부령이 정하는 바에 따라 납부확인서를 발급받을 수 있다.

⑤ 등기 또는 등록에 대한 등록면허세는 재산권 등 그 밖의 권리를 등기 또는 등록하는 때에 납세의무가 성립한다.

34 거주자인 개인 乙은 甲이 소유한 부동산(시가 6억원)에 전세기간 2년, 전세보증금 3억원으로 하는 전세계약을 체결하고 전세권 설정등기를 하였다. 지방세법상 등록면허세에 관한 설명으로 옳은 것은?

① 과세표준은 6억원이다.

② 표준세율은 월임대차금액의 1천분의 2이다.

③ 납부세액은 6천원이다.

④ 납세지는 부동산 소재지이다.

⑤ 납세의무자는 甲이다.

35 다음은 취득세와 등록면허세에 관한 설명이다. 틀린 것은?

① 취득세는 과세표준 표시방법에 따라 종가세로 표시되고 등록면허세는 종가세와 종량세로 표시되며 취득세와 등록면허세 모두 차등 비례세율 구조로 되어있다.

② 취득세와 등록면허세는 신고할 때 납세의무가 확정되고 신고를 하지 아니한 경우에는 과세권자가 결정하는 때 납세의무가 확정되는 조세이다.

③ 부동산에 대한 취득세와 등록면허세 납세지는 부동산 소재지이고 납세지가 불분명한 경우 취득세는 물건 소재지를 납세지로 하고 등록면허세는 등록관청소재지를 납세지로 한다.

④ 취득세와 등록면허세는 소액징수면제를 적용하지 아니한다.

⑤ 취득세와 등록면허세를 법정 신고기한 내 신고하지 않고 매각하는 경우 산출세액의 100분의 80을 가산하여 보통징수한다.

36 재산세의 과세대상에 대한 설명이다. 틀린 것은?

① 토지에 대한 재산세의 과세대상은 분리과세대상, 별도합산과세대상, 종합합산과세대상으로 구분한다.

② 건축법 시행령에 따른 다가구주택은 1가구가 독립하여 구분사용할 수 있도록 분리된 부분을 1구의 주택으로 보며 그 부속토지는 건물면적의 비율에 따라 각각 나눈 면적을 1구의 부속토지로 본다.

③ 주택의 부속토지 경계가 명백하지 아니한 경우에는 그 주택의 바닥면적의 10배에 해당하는 토지를 주택의 부속토지로 한다.

④ 재산세 과세대상 물건이 공부상 등재상황과 사실상의 현황이 상이한 경우에는 사실상의 현황에 의하여 재산세를 부과한다. 단, 공부상 등재 현황과 다르게 이용함으로써 재산세 부담이 낮아지는 경우 등 대통령령이 정하는 경우는 공부상 등재 현황에 따라 부과한다.

⑤ 1동의 건물이 주거와 주거 외의 용도에 겸용되는 경우에는 주거용으로 사용하는 면적이 100분의 50 이상인 경우에는 전체를 주택으로 본다.

37 재산세 납세의무자에 대한 설명이다. 틀린 것은?

① 상속이 개시된 재산으로서 상속등기가 이행되지 아니하였으나 사실상 소유자를 신고한 경우에는 주된 상속자는 납세의무가 없다.

② 지방자치단체와 재산세 과세대상 재산을 연부로 매매계약을 체결하고 그 재산의 사용권을 유상으로 부여받은 경우에는 그 매수계약자는 재산세를 납부할 의무가 없다.

③ 공부상에 개인 등의 명의로 등재되어 있는 사실상의 종중 재산으로서 종중소유임을 신고하지 아니한 때에는 공부상의 소유자가 재산세를 납부할 의무가 있다.

④ 재산세 납세의무자는 과세기준일 현재 재산세 과세대장에 등재되어 있는 자를 원칙으로 한다.

⑤ 과세기준일 현재 양도·양수가 이루어진 경우 양수인이 재산세 납세의무를 진다.

38 다음 중 재산세 납세의무자에 대한 설명으로 옳은 것은?

① 주택의 건물과 부속토지의 소유자가 서로 다른 경우 그 주택에 대한 산출세액을 건축물과 부속토지의 면적비율로 안분계산한 부분에 대하여 그 소유자를 납세의무자로 본다.

② 신탁법에 의해 수탁자 명의로 등기된 신탁재산의 경우 재산세 납세의무자는 수탁자이다.

③ 공유재산인 경우 지분이 가장 큰 자가 납세의무자이다.

④ 국가·지방자치단체 등이 선수금을 받아 조성하는 토지로서 사실상 조성이 완료된 토지의 사용권을 무상으로 부여 받은 자가 있는 경우에는 무상으로 사용권을 부여 받은 자가 납세의무자이다.

⑤ 과세기준일 현재 소유권의 귀속이 분명하지 아니하여 사실상 소유자를 알 수 없는 경우에는 공부상 소유자를 납세의무자로 한다.

39 다음 토지 중 재산세 종합합산과세대상에 해당되는 것으로 올바른 것은?

① 「여객자동차 운수사업법」 또는 「화물자동차 운수사업법」에 따라 여객자동차 운송사업 또는 화물자동차 운송사업의 면허·등록 또는 자동차대여사업의 등록을 받은 자가 그 면허·등록조건에 따라 사용하는 차고용 토지로서 자동차운송 또는 대여사업의 최저보유차고면적기준의 배에 해당하는 면적 이내의 토지

② 군 지역에 소재하는 공장용 건축물 부속토지로서 공장입지 기준면적을 초과하는 토지

③ 일반영업용 건축물로서 건축물의 시가표준액이 해당 부속토지의 시가표준액의 100분의 2에 미달하는 건축물의 부속토지 중 그 건축물의 바닥면적에 해당하는 부속토지

④ 영업용 건축물의 부속토지 중 건축물의 바닥면적에 용도지역별 적용배율을 곱하여 산정한 면적 범위의 토지

⑤ 1990년 5월 31일 이전에 취득하여 종중이 소유하는 농지

40 토지분 재산세 합산과세 대상에 해당하는 토지는 모두 몇 개인가?

ⓐ 자동차 운전학원용 토지
ⓑ 건축물의 시가표준액이 토지의 시가표준액의 100분의 2에 미달하는 건축물의 부속토지 중 건축물 바닥면적을 제외한 부속토지
ⓒ 여객자동차 터미널 및 물류터미널용 토지
ⓓ 「체육시설의 설치·이용에 관한 법률 시행령」에 따른 회원제 골프장이 아닌 골프장용 토지 중 원형이 보전 되는 임야
ⓔ 서울특별시 산업단지와 공업지역 안에 위치한 공장용 건축물의 부속토지로 공장입지기준면적을 초과하는 부분의 토지
ⓕ 「건축법」 등 관계 법령에 따라 허가 등을 받아야 할 건축물로서 허가를 받지 아니한 공장용 건축물의 부속토지
ⓖ 염전
ⓗ 「자연공원법」에 따라 지정된 공원자원환경지구의 임야
ⓘ 고급오락장용 부속토지

① 1개   ② 2개   ③ 3개
④ 4개   ⑤ 5개

41 다음의 어느 하나에 해당하는 경우에는 과세기준일로부터 15일 이내에 그 소재지 관할 지방자치단체장에게 신고를 하여야 한다. 이에 해당하지 않는 경우로 옳은 것은?

① 공유재산의 경우 그 지분권자

② 재산의 소유권의 변동 또는 과세대상 재산의 변동사유가 발생되었으나 과세기준일까지 등기가 되지 아니한 재산의 공부상 소유자

③ 상속이 개시된 재산으로서 상속등기가 되지 아니한 경우의 주된 상속자

④ 공부상 등재 현황과 사실상의 현황이 다르거나 사실상의 현황이 변경된 경우 해당 재산의 사실상 소유자

⑤ 1세대가 둘 이상의 주택을 소유하고 있음에도 불구하고 1세대 1주택 특례세율을 적용받으려는 경우에 그 세대원

42 재산세 비과세 대한 설명으로 틀린 것은?

① 국가·지방자치단체 또는 지방자치단체조합이 1년 이상 공용·공공용으로 유료로 사용하는 경우 재산세를 과세한다.

② 행정관청으로부터 철거명령을 받은 건축물 등 재산세를 부과하는 것이 적절하지 아니한 건축물 또는 주택(건축물 부분에 한정)은 재산세를 부과하지 아니한다.

③ 「자연공원법」에 따른 공원자연보존지구 내 임야는 재산세를 부과하지 아니한다.

④ 군사시설보호구역 중 통제보호구역 안에 있는 전·답·과수원 대지는 비과세한다.

⑤ 「도로법」에 따른 도로와 그 밖에 일반인의 자유로운 통행을 위하여 제공할 목적으로 개설한 사설도로(대지안의 공지는 제외)는 재산세를 부과하지 아니한다.

43 다음은 재산세 과세표준과 세율에 대한 설명이다. 잘못된 것은?

① 법령에 따라 산정한 주택의 과세표준이 과세표준상한액[직전 연도 해당 주택의 과세표준 상당액 + (과세기준일 당시 시가표준액으로 산정한 과세표준 × 과세표준상한율)]보다 큰 경우에는 해당 주택의 과세표준은 과세표준상한액으로 한다.

② 종합합산대상 토지는 납세의무자가 소유하고 있는 시·군에 소재하는 종합합산대상이 되는 토지의 가액을 합한 금액을 과세표준으로 하여 초과누진세율을 적용한다.

③ 골프장, 고급오락장용 건축물에 대하여는 1,000분의 40의 세율을 적용한다.

④ 토지분 재산세 시가표준액은 과세기준일 현재 개별공시지가에 공정시장가액비율을 곱하여 산정한 가액으로 한다.

⑤ 주택에 대한 과세표준은 시가표준액에 부동산시장과 지방재정요건 등을 고려하여 시가표준액의 100분의 40부터 100분의 80 범위에서 대통령령이 정하는 공정시장가액비율을 곱하여 산정한다. 다만, 1세대 1주택의 경우 100분의 30에서 100분의 70까지로 한다.

44 다음은 재산세의 세율 적용에 대한 내용이다. 옳지 않은 것은?

① 주택(고급주택 포함)에 대한 재산세 세율은 1/1,000 ~ 4/1,000 4단계 초과누진세율을 적용한다.

② 토지와 건물의 소유자가 다른 주택에 대해 세율을 적용할 때 해당 주택의 토지와 건물가액을 소유자별로 구분 계산한 과세표준에 해당 세율을 적용한다.

③ 1주택자로 시가표준액이 9억원 이하인 주택은 0.5/1,000 ~ 3.5/1,000 4단계 초과누진세율을 적용한다.

④ 지방자치단체의 장은 특별한 재정수요나 재해 등의 발생으로 재산세의 세율 조정이 불가피하다고 인정되는 경우 조례로 정하는 바에 따라 표준세율의 100분의 50의 범위에서 가감할 수 있다. 다만, 가감한 세율은 해당 연도에만 적용한다.

⑤ 시 이상 지역의 주거지역 등의 공장 건축물의 경우 1,000분의 5의 세율을 적용한다.

45 재산세에 대한 설명 중 옳은 것은?

① 동일 시·군 내에 여러 개의 주택을 보유한 경우에는 시·군 내 소재하는 주택을 소유자별로 합산한 과세표준에 초과누진세율을 적용한다.

② 지방자치단체의 장은 요건을 모두 충족하는 납세의무자가 1세대 1주택의 재산세액의 납부유예를 그 납부기한 만료 10일 전까지 신청하는 경우 이를 허가할 수 있다. 이 경우 납부유예를 신청한 납세의무자는 그 유예할 주택 재산세에 상당하는 담보를 제공하여야 한다.

③ 시장·군수는 과세대상 누락·위법 또는 착오 등으로 인하여 이미 부과한 세액을 변경하거나 수시부과하여야 할 사유가 발생한 때에도 수시로 부과·징수할 수 없다.

④ 재산세의 부가세는 지방교육세 20%가 부가세로 부과된다. 다만, 재산세 도시지역분 세액은 제외한다.

⑤ 소유권 변동사유가 발생한 재산은 과세기준일로부터 10일 이내에 그 내용을 신고하여야 하며 신고를 하지 아니한 경우에는 신고불성실 가산세 10%를 부과한다.

46 다음 중 재산세에 대한 설명으로 옳지 않은 것은?

① 재산세 세율은 비례세율과 초과누진세율을 적용한다.

② 지방세 중 물납이 가능한 조세는 재산세이다. 따라서 재산세 고지서에 병기하여 고지할 수 있는 소방분지역자원시설세와 부가세인 지방교육세 등은 물납할 수 없다.

③ 법인의 경우 주택의 공시가격이 6억원인 경우 재산세 세부담 상한은 100분의 110이다.

④ 재산세 납부세액이 250만원을 초과하는 경우 납부기한이 지난 날로부터 3개월 이내에 분할납부할 수 있다.

⑤ 납세고지서를 발부하는 경우 토지에 대한 재산세는 한 장의 고지서로 발부하되 토지 외의 재산에 대한 재산세는 건축물, 주택, 선박 및 항공기로 구분하여 과세대상 물건마다 각각 한 장의 고지서로 발급하거나 물건의 종류별로 한 장의 고지서로 발급할 수 있다.

47 다음은 재산세에 대한 설명이다. 틀린 것은?

① 고지서 1장당 재산세로 징수할 세액이 2천원인 경우 해당 재산세를 징수한다.

② 건축물에서 허가를 받지 아니하거나 사용승인을 받지 아니하고 주거용으로 사용하는 면적이 전체 건축물 면적의 100분의 50 이상인 경우에는 그 건축물 전체를 주택으로 보지 아니하고 그 부속토지는 종합합산대상 토지로 본다.

③ 재산세는 과세기준일에 납세의무가 성립하고 과세권자가 결정하는 때 납세의무가 확정된다.

④ 해당 연도에 부과할 토지분 재산세액이 20만원 이하인 경우 조례로 정하는 바에 따라 납기를 7월 16일부터 7월 31일까지로 하여 한꺼번에 부과 · 징수할 수 있다.

⑤ 신탁재산의 위탁자가 재산세 등을 체납한 경우로서 그 위탁자의 다른 재산에 대하여 체납처분을 하여도 징수할 금액에 미치지 못할 때에는 해당 신탁재산의 수탁자는 그 신탁재산으로서 위탁자의 재산세 등을 납부할 의무가 있다.

48 다음은 지방세법상 물납과 분납 규정에 대한 설명으로 틀린 것은?

① 납부할 세액이 1천만원을 초과하는 경우에는 납세의무자의 신청을 받아 지방자치단체의 관할구역 안에 소재하는 부동산에 한하여 물납을 허가할 수 있다.

② 물납신청은 납부기한 10일 전까지 신청하여야 하며 물납의 신청을 받은 지방자치단체의 장은 신청을 받은 날부터 5일 이내에 그 허가 여부를 서면으로 통지하여야 한다.

③ 주택분 재산세 납부세액이 800만원인 경우에는 최대 300만원을 분할납부할 수 있다.

④ 물납을 허가하는 부동산의 가액은 과세기준일 현재 시가에 의한다.

⑤ 분납을 신청한 경우에는 과세권자는 납부기한 내 납부할 납세고지서와 분납 기간 내 납부할 납세고지서로 구분하여 수정고지 하여야 한다.

49 甲은 공시가격이 6억원인 토지를 보유하고 있다. 동 토지에 대하여 2023년에 납부한 재산세액은 50만원인 경우로서, 2024년도 재산세가 100만원인 경우 2024년도 9월 16일부터 9월 30일까지 甲이 납부할 재산세액은 얼마인가?

① 275,000원   ② 750,000원

③ 550,000원   ④ 250,000원

⑤ 500,000원

50 재산세 부과징수에 대한 설명이다. 옳은 것은?

① 재산세 과세대상 토지는 분리과세대상, 종합합산대상, 별도합산대상으로 구분하여 시·군·구 별로 소유자별로 합산하여 초과누진세율을 적용한다.

② 재산세 물납을 하고자 하는 경우 납부기한까지 법령이 정하는 서류를 갖추어 시장·군수·구청장에게 신청하여야 한다.

③ 소유권 변동 등으로 인한 신고의무가 있는 납세의무자가 신고를 하지 아니한 경우에는 가산세가 부과되며 시장·군수는 그 재산의 소유자를 직권으로 등기할 수 있다.

④ 과밀억제권역 내 공장 신·증설의 경우 공장 건축물에 대하여 표준세율의 500/100에 해당하는 세율을 5년간 중과세 하지만 중과세 기간 중에 승계 취득한 자는 남은 기간에 대하여 납세의무가 없다.

⑤ 재산세를 징수하려면 토지, 건축물, 주택, 선박, 항공기로 각각 구분된 납세고지서에 과세표준과 세액을 적어 늦어도 납기개시 5일 전까지 발급하여야 한다.

51 다음 중 재산세에 대한 설명으로 옳은 것은?

① 주택의 부속토지 경계가 명백하지 아니한 경우에는 그 주택의 바닥면적의 10배에 해당하는 토지를 주택의 부속토지로 한다.

② 지방세특례제한법에도 불구하고 동일한 주택이 1세대 1주택에 대한 주택 세율 특례와 재산세 경감규정의 적용대상이 되는 경우로서 이 둘이 중복되는 경우에는 중복하여 적용한다.

③ 주택에 대한 재산세의 납기는 건물분은 7월 16일부터 7월 31일까지, 토지분은 9월 16일부터 9월 30일까지이다.

④ 재산세는 원칙적으로 납세의무성립일로부터 7년이 지나면 재산세를 부과할 수 없다.

⑤ 물납 신청 후 불허가 통지를 받은 경우에는 다른 부동산으로 변경 신청할 수 없고 금전으로만 납부하여야 한다.

52 다음 종합부동산세에 관한 설명으로 옳지 않은 것은?

① 관할 세무서장은 납부하여야 할 세액이 1천만원을 초과하면 물납을 허가할 수 있다.

② 관할 세무서장이 종합부동산세를 부과·징수하는 경우 납부고지서에 주택 및 토지로 구분한 과세표준과 세액을 기재하여 납부기간 개시 5일 전까지 발부하여야 한다.

③ 건축물 그리고 분리과세대상 토지는 종합부동산세 과세대상이 아니다.

④ 종합부동산세는 과세기준일에 납세의무가 성립하고 과세권자가 결정하는 때 납세의무가 확정된다.

⑤ 법인(공익법인 등은 제외) 소유 주택의 경우 과세표준 계산시 9억원 공제를 적용하지 않고 세부담상한도 적용하지 아니하며 세율은 비례세율(27/1,000 또는 50/1,000)을 적용한다.

53 다음은 종합부동산세에 관한 내용이다. 옳은 것은?

① 관할 세무서장은 종합부동산세로 납부하여야 할 세액이 500만원을 초과하는 경우는 그 세액의 일부를 납부기한이 경과한 날부터 6개월 이내에 분납하게 할 수 있다.

② 종합부동산세는 주택에 대한 종합부동산세와 토지에 대한 종합부동산세의 세액을 합한 금액을 그 세액으로 한다.

③ 종합합산대상 토지에 대한 종합부동산세의 과세표준은 납세의무자별로 전국의 종합합산대상 토지의 공시가격을 합산한 금액에서 5억원을 공제한 금액으로 한다.

④ 종합부동산세는 납세의무자가 선택하는 경우 신고납부할 수 있으며 신고납부를 선택하는 경우 이미 부과된 과세권자의 결정은 없었던 것으로 본다. 이때 신고를 하지 아니한 경우 무신고가산세와 과소신고가산세가 부과된다.

⑤ 1세대 1주택자의 연령별 세액공제와 장기보유세액공제가 중복되는 경우는 공제율 합계 100분의 70 범위에서 중복공제가 가능하다.

54 다음은 종합부동산세에 관한 내용이다. 틀린 것은?

① 1세대가 일반 주택과 합산배제 신고한 임대주택을 각각 1채씩 소유한 경우 해당 일반 주택에 그 주택 소유자가 과세기준일 현재 그 주택에 주민등록이 되어 있고 실제로 거주하고 있는 경우에 한정하여 1세대 주택에 해당한다.

② 합산 배제 주택에 해당하는 주택을 보유한 납세의무자는 당해 연도 9월 16일부터 9월 30일까지 대통령령이 정하는 바에 따라 납세지 관할세무서장에게 당해 주택의 보유현황을 신고하여야 한다.

③ 과세대상 토지가 매매로 유상이전되는 경우로서 매매계약서 작성일이 2024년 6월 1일이고, 잔금지급 및 소유권이전등기일이 2024년 6월 29일인 경우 종합부동산세 납세의무자는 매도자이다.

④ 1주택과 다른 주택의 부속토지(주택의 건물과 부속토지의 소유자가 다른 경우의 그 부속토지를 말함)를 함께 소유하고 있는 경우에는 1세대 1주택자로 본다.

⑤ 개인이 소유한 1세대 2주택의 경우 세부담 상한은 100분의 300으로 한다.

55 다음은 종합부동산세에 대한 설명이다. 틀린 것은?

① 관할 세무서장은 종합부동산세로 납부할 세액이 400만원인 경우 최대 150만원을 납부기한 경과한 날로부터 6개월 이내 분납하게 할 수 있다.

② 종합부동산세 납세의무자가 개인인 경우 납세지는 「소득세법」상의 납세지를 준용한다.

③ 관할세무서장은 납부하여야 할 종합부동산세의 세액을 결정하여 당해 연도 12월 1일부터 12월 15일까지 부과·징수한다.

④ 과세기준일 현재 만 60세 이상인 자가 보유하고 있는 종합부동산세 과세대상인 토지에 대하여는 연령에 따른 세액공제를 받을 수 있다.

⑤ 주택분 종합부동산세액에서 공제되는 재산세액은 재산세 표준세율의 100분의 50 범위에서 가감된 세율이 적용된 경우에는 그 세율이 적용된 세액으로 하고 재산세 세부담상한을 적용받은 경우에는 그 상한을 적용받은 세액으로 한다.

56 다음은 종합부동산세 대한 설명이다. 틀린 것은?

① 주택에 대한 세부담상한의 기준이 되는 직전 연도에 해당 주택에 부과된 주택에 대한 총세액상당액은 납세의무자가 해당 연도의 과세표준 합산주택을 직전 연도 과세기준일에 실제로 소유하였는지의 여부를 불문하고 직전 연도 과세기준일 현재 소유한 것으로 보아 계산한다.

② 1세대 1주택 부부 공동명의자의 경우 9월 16일부터 9월 30일까지 1주택 단독명의자로 신청할 수 있다.

③ 「건축법」 등 관계 법령에 따라 허가 등을 받아야 할 건축물로서 허가 등을 받지 아니한 건축물의 부속토지는 종합부동산세 과세대상이다.

④ 관할세무서장은 법령이 정하는 요건을 모두 충족하는 납세의무자가 주택분 종합부동산세액의 납부유예를 그 납부기한 만료 3일 전까지 신청하는 경우 이를 허가할 수 있다. 이 경우 납부유예를 신청한 납세의무자는 그 유예할 주택분 종합부동산세액에 상당하는 담보를 제공하여야 한다.

⑤ 주택분 종합부동산세액을 계산할 때 1주택을 여러 사람이 공동으로 매수하여 소유한 경우 지분이 가장 큰 자가 소유한 것으로 본다.

57 2024년 종합부동산세에 대한 설명으로 옳지 않은 것은?

① 종합부동산세 납세의무자가 비거주자인 개인으로서 국내사업장이 없고 국내 원천소득이 발생하지 아니하는 1주택을 소유한 경우 그 주택 소재지를 납세지로 한다.

② 「신탁법」 제2조에 따른 수탁자의 명의로 등기 또는 등록이 된 신탁재산으로서 주택의 경우에는 같은 조에 따른 위탁자가 종합부동산세를 납부할 의무가 있다. 이 경우 위탁자가 신탁재산을 소유한 것으로 본다.

③ 납세자에게 부정행위가 없으며 특례제척기간에 해당하지 않는 경우 원칙적으로 납세의무 성립일로부터 7년이 지나면 종합부동산세를 부과할 수 없다.

④ 별도합산대상 토지와 종합합산대상토지 주택의 경우 세부담상한은 100분의 150이다.

⑤ 1세대 1주택자는 주택의 공시가격을 합산한 금액에서 12억원을 공제한 금액에 공정시장가액비율(60%)을 곱한 금액을 과세표준으로 한다.

58 다음 자료에 의하여 세부담 상한선을 적용하는 경우 2024년도에 납부할 종합부동산세액으로 옳은 것은?

> ㉠ 2023년 재산세: 100만원
> 　　 종합부동산세: 200만원
> ㉡ 2024년 재산세: 150만원
> 　　 종합부동산세: 500만원

① 200만원　　　　② 450만원　　　　③ 300만원
④ 500만원　　　　⑤ 900만원

59 다음은 종합부동산세와 재산세에 대한 설명이다. 틀린 것은?
① 재산세와 종합부동산세의 납세의무 성립시기는 동일하지만 납세지는 다르다.
② 재산세의 경감에 관한 규정은 종합부동산세를 부과함에 있어서 이를 준용한다.
③ 재산세와 종합부동산세는 납부세액이 250만원을 초과하는 경우 납부기한 지난 후 2개월 이내 분할납부할 수 있다.
④ 재산세는 과세대상별로 납부기간을 다르게 규정하지만 종합부동산세는 과세대상의 종류와 관계없이 동일하다.
⑤ 재산세와 종합부동산세의 분납의 경우 기준금액은 동일하지만 분납기간은 다르다.

60 다음 중 주택분 종합부동산세에 대한 설명이다. 틀린 것은?
① 주택의 경우 재산세는 주택별로 각각 과세하고 종합부동산세는 전국의 주택을 소유자별로 합산하여 과세한다.
② 1세대 1주택자가 1주택을 양도하기 전에 다른 주택을 대체취득하여 일시적으로 2주택이 된 경우로서 과세기준일 현재 신규 주택을 취득한 날로부터 3년이 경과하지 않는 경우에는 1세대 1주택자로 본다. 단, 9월 16일부터 9월 30일까지 신청하여야 한다.
③ 1주택과 과세기준일 현재 상속개시일부터 5년이 경과하지 않은 상속주택을 함께 소유하고 있는 경우에는 1세대 1주택자로 본다. 단, 9월 16일부터 9월 30일까지 신청하여야 한다.
④ 1주택과 수도권 밖의 지역 중 광역시 및 특별자치시가 아닌 지역에 소재하는 주택으로서 공시가격이 3억원 이하인 주택을 함께 소유하고 있는 경우에는 1세대 1주택자로 본다. 단, 9월 16일부터 9월 30일까지 신청하여야 한다.
⑤ 「건축법 시행령」 별표 1 제1호 다목에 따른 다가구 주택은 1가구가 독립하여 구분 사용할 수 있도록 분리된 부분을 1구의 주택으로 본다.

61 다음 중 양도소득세 과세대상으로 옳지 않은 것은?

① 영업권(사업에 사용하는 토지 건물 부동산에 관한 권리와 분리하여 양도하는 것)

② 등기된 부동산임차권

③ 부동산 매매계약을 체결한 자가 계약금만 지급한 상태에서 양도하는 권리

④ 토시 선물과 함께 양도하는 이죽권

⑤ 법인의 주식을 소유하는 것만으로 시설물을 배타적으로 이용하게 되는 경우 그 주식의 양도

62 다음 중 양도소득세의 양도에 해당하는 것으로 옳은 것은 몇 개인가?

> ㉠ 본인 소유 자산을 경매·공매로 인하여 자기가 재취득하는 경우
> ㉡ 도시개발법이나 그 밖의 법률에 따른 환지처분시 교부받은 토지 면적이 권리면적보다 감소되어 보상금을 받은 경우
> ㉢ 매매원인 무효 소에 의하여 그 매매사실이 원인무효로 확정되어 환원되는 경우
> ㉣ 이혼한 자 일방의 재산분할청구소에 의하여 부동산이 이전되는 경우
> ㉤ 법원의 확정판결에 의하여 신탁해지를 원인으로 소유권이전 등기하는 경우
> ㉥ 토지의 지적 경계를 변경에 따른 토지의 분할 등 대통령령이 정하는 방법과 절차에 의한 토지 교환
> ㉦ 적법하게 체결된 계약이 당사자 간의 합의에 의해 해제가 되어 소유권이 환원되는 경우
> ㉧ 개인이 토지를 법인에 현물출자하는 경우
> ㉨ 법원의 확정판결에 의한 이혼위자료로 배우자에게 토지의 소유권을 이전하는 경우

① 1개   ② 2개   ③ 3개

④ 4개   ⑤ 5개

63 다음은 양도소득세가 과세되는 양도에 대한 설명이다. 틀린 것은?

① 「국세징수법」에 따라 甲 소유 부동산이 직계비속인 乙에게 공매로 이전되는 경우에는 증여로 보지 아니하고 甲에게 양도소득세를 과세한다.

② 배우자 직계존비속 간의 부담부증여의 경우 수증자의 채무부담분에 대하여는 양도로 보지 아니하고 증여로 본다.

③ 환지처분으로 인하여 지목 또는 지번이 변경되거나 보류지로 충당되는 경우에는 양도로 보지 아니한다.

④ 양도담보계약을 체결한 후 채무불이행으로 인하여 당해 자산을 변제에 충당한 때에는 그 때에 이를 양도하는 것으로 본다.

⑤ 양도라 함은 매도·교환·법인에 대한 현물출자 등으로 그 자산이 유상으로 이전되는 것으로 소유권 이전을 위한 등기·등록을 과세의 조건으로 한다.

64 거주자 甲이 2024년 중 국내 소재 상업용 건물을 거주자 乙에게 부담부증여를 한 경우에 대한 설명으로 옳지 않은 것은? (단, 乙이 甲의 피담보채권을 인수함)

> ㉠ 취득당시 실거래가액 : 8천만원
> ㉡ 증여일 현재 상속세 및 증여세법에 따른 평가액 : 5억원
> ㉢ 상업용 건물에는 금융회사로부터의 차입금 1억원(채권최고액 : 1억2천만원)에 대한 근저당권이 설정되어 있음
> ㉣ 취득당시 기준시가 : 5천만원

① 甲과 乙이 배우자 직계존비속이 아닌 경우 甲은 1억원에 대하여 양도소득세 납세의무가 있고 乙은 4억원에 대하여 증여세 납세의무가 있다.

② 甲과 乙이 배우자 직계존비속이 아닌 경우 양도차익 계산시 상업용 건물의 취득가액은 8천만원이다.

③ 甲과 乙이 형제인 경우 채무인수액은 양도로 보고 채무액을 제외한 나머지 부분은 증여로 본다.

④ 양도로 보는 부분에 대한 양도소득세 예정신고 기한은 양도일이 속한 달의 말일부터 3개월 이내 예정신고를 하여야 한다.

⑤ 甲과 乙이 배우자 직계존비속인 경우 그 재산가액 전체를 증여한 것으로 추정하여 이를 배우자 등의 증여재산 가액으로 한다.

65 다음은 양도소득세에 대한 설명이다. 틀린 것은?

① 양도소득 과세표준은 종합소득 및 퇴직소득에 대한 과세표준과 구분하여 계산한다.

② 양도가액이 실지거래가액이 15억원인 1세대 1주택의 비과세 규정을 적용함에 있어서 하나의 건물이 주택과 주택 외의 부분으로 복합되어 있는 경우에는 면적과 관계없이 그 전부를 주택으로 본다.

③ 1세대 1주택인 고가주택을 양도한 경우 실지양도가액 중 12억원을 초과하는 부분의 양도차익에 대해서는 양도소득세가 과세된다.

④ 거주자가 이축권을 양도하여 발생한 양도차손은 같은 해에 분양권을 양도하여 발생한 양도소득금액에서 이를 공제 받을 수 있다.

⑤ 거주자가 국내 상가건물을 양도한 경우 거주자의 주소지와 상가 건물의 소재지가 다르다면 양도소득세 납세지는 양도자의 주소지 관할 세무서이다.

66 다음은 소득세법상 양도자산의 양도 또는 취득시기에 관한 설명이다. 옳지 않은 것은?

① 민법 규정에 의하여 부동산의 소유권을 시효취득 하는 경우에 양도소득세의 취득시기는 점유개시일이다.

② 부동산의 소유권이 타인에게 이전되었다가 법원의 무효판결에 의하여 당해 자산의 소유권이 환원되는 경우 당해 자산의 취득시기는 그 자산의 당초 취득일이다.

③ 도시개발법 기타 법률의 규정에 의한 환지처분으로 취득하는 토지의 취득시기는 환지 전 토지 취득일이다.

④ 매매계약서 등에 기재된 잔금지급약정일보다 앞당겨 잔금을 받거나 늦게 받는 경우에도 사실상 대금청산일이 양도 또는 취득시기가 된다.

⑤ 대금을 청산한 날의 판정시 자산의 대금에는 해당 자산의 양도에 대한 양도소득세 및 부가세액을 양수자가 부담하기로 약정한 경우 해당 양도소득세 및 부가세액을 포함한다.

67 양도소득세 과세표준 산출과정에 관한 내용으로 옳지 않은 것은?

① 양도소득세 산출세액은 양도차익에서 장기보유특별공제와 양도소득기본공제를 한 금액에 해당 양도소득세 세율을 적용하여 계산한 금액을 그 산출세액으로 한다.

② 취득당시 실지거래가액을 확인할 수 없는 경우 추계결정, 경정에 의하여 환산취득가액을 취득가액으로 하는 경우에는 실제 발생한 자본적 지출과 양도비용의 합계액이 환산취득가액과 필요경비개산공제액을 합한 금액보다 큰 경우에는 이를 필요경비로 계산할 수 있다.

③ 토지를 취득함에 있어서 부수적으로 매입한 채권을 만기 전에 양도함으로 발생하는 매각차손은 채권의 매매 상대방과 관계없이 전액을 양도비용으로 인정된다.

④ 양도소득금액 계산시 마지막 공제 항목은 장기보유특별공제이다.

⑤ 양도자가 그와 특수관계 있는 자와의 거래로 인하여 조세를 부당하게 감소시킨 것으로 인정되는 때에는 그 거주자의 행위 또는 계산에 관계없이 소득세법에 따라 소득금액을 계산할 수 있다.

68 다음 중 양도소득세의 양도차익 계산에 대한 설명 중 옳지 않은 것은?

① 양도차익을 계산함에 있어서 양도가액을 실지거래가액(매매사례가액, 감정가액 포함)에 의하는 때에는 취득가액도 실지거래가액(매매사례가액, 감정가액, 환산취득가액)에 의하고, 양도가액을 기준시가에 의하는 때에는 취득가액도 기준시가에 의하여야 한다.

② 지적공부상 면적이 증가한 해당 토지를 양도할 때 지적재조사 결과 보유한 토지 면적이 증가하여 납부한 조정금은 취득가액에서 제외한다.

③ 양도자산을 취득한 후 쟁송이 있는 경우 그 소유권 확보를 위하여 직접 소요된 소송비용 화해비용 등으로서 그 지출한 연도의 각 소득금액 계산에 있어서 필요경비로 산입된 금액을 제외한 금액은 취득가액에 포함하지 아니한다.

④ 취득가액을 추계조사 결정 경정하는 경우 자본적 지출과 양도비 대신 필요경비개산공제를 적용한다.

⑤ 상속 또는 증여받은 자산에 대하여 양도차익을 실지거래가액에 의하여 계산하여야 하는 경우에는 「상속세 및 증여세법」의 규정에 의하여 평가한 가액을 취득당시의 실지거래가액으로 본다.

69 양도차익을 계산함에 있어서 양도가액을 실지거래 가액에 의하는 때에는 취득가액도 실지거래가액에 의한다. 다음 중 실지취득가액에 대한 설명으로 옳은 것은?

① 자본적 지출액은 그 지출에 관한 증명서류를 수취·보관하지 않은 경우에는 실제 지출사실이 금융거래 증명서류에 의하여 확인되는 경우에도 양도차익 계산시 양도가액에서 공제할 수 없다.

② 아파트를 분양받아 취득한 자가 부가가치세법상 일반 사업자로서 사업용으로 분양받은 경우의 부가가치세는 취득가액에 포함한다.

③ 당사자 약정에 따라 취득원가에 이자상당액을 가산하여 거래가액을 확정하는 경우 당해 이자상당액은 취득원가에 포함하지 아니한다.

④ 실지거래가액에 의한 양도가액 또는 취득가액의 실지거래가액을 인정 또는 확인할 수 없는 경우에는 매매사례가액 - 감정가액 - 환산취득가액 - 기준시가 순서로 추계 조사, 결정, 경정할 수 있다.

⑤ 취득원가에 상당한 가액으로서 매입원가에 취득세, 등록면허세, 재산세 기타 부대비용을 가산한 금액으로 한다.

70 소득세법상 양도소득세 비과세 대상인 1세대 1주택을 거주자 甲이 특수관계없는 乙에게 다음과 같이 양도한 경우 양도소득세 비과세에 관한 규정을 적용할 때 비과세 받을 세액에서 뺄 금액은 얼마인가? (단, 다음 제시된 사항만 고려함)

> ㉠ 매매(양도) 계약 체결일 : 2024. 10. 27.
> ㉡ 매매(양도) 계약서상 거래가액 : 2억원
> ㉢ 양도 당시 실지거래가액 : 2억3천만원
> ㉣ 甲의 주택에 양도소득세 비과세에 관한 규정을 적용하지 않은 경우 양도소득 산출세액 : 5천만원

① 0원   ② 5천만원   ③ 3천만원

④ 2천만원   ⑤ 1천만원

71 양도가액과 취득가액을 실지거래가액으로 계산할 경우 양도소득 과세표준은 얼마인가?

> ㉠ 실지 양도가액 : 1억2천5백만원
> ㉡ 실지 취득가액 : 9천만원
> ㉢ 자본적 지출액과 양도비 : 2백만원
> ㉣ 양도당시 기준시가 : 1억원
> ㉤ 취득당시 기준시가 : 7천만원
> ㉥ 보유기간(토지) : 2년 6개월

① 2천7백5십만원 ② 3천만원
③ 3천5십만원 ④ 3천3백만원
⑤ 3천5백만원

72 甲이 다음과 같은 요건을 충족한 주택을 양도한 경우 비과세면적을 구하면? (단, 고가주택이 아님)

> ㉠ 1세대 1주택임(수도권 녹지지역 임)
> ㉡ 보유기간 : 3년(2년 거주)
> ㉢ 주거부분 : 40m², 상가 : 60m²
> ㉣ 부속토지 : 600m²

① 건물 : 40m², 토지 : 200m² ② 건물 : 40m², 토지 : 240m²
③ 건물 : 60m², 토지 : 360m² ④ 건물 : 60m², 토지 : 400m²
⑤ 건물 : 60m², 토지 : 240m²

73 1세대 1주택에 해당하는 아파트를 5억원에 취득하여 5년 보유(거주기간 5년) 후 15억원에 양도할 때 비과세되는 양도차익은 얼마인가? (단, 취득가액을 포함한 필요경비는 10억원으로 한다)

① 4억원 ② 1억원
③ 5억원 ④ 2억원
⑤ 8천만원

74 다음은 양도소득세를 과세함에 있어 장기보유특별공제에 관한 설명이다. 옳지 않은 것은?

① 양도자산(1세대 1주택)의 보유기간이 10년이고 거주기간이 1년인 경우 장기보유특별공제액으로 양도차익의 20%를 공제한다.

② 조정대상 지역 내 2주택과 미등기 양도, 국외자산 양도의 경우 장기보유특별공제를 적용하지 아니한다.

③ 조합원 입주권(승계취득의 경우 제외)의 경우 보유기간은 종전 토지 건물의 취득일로부터 관리처분계획인가일까지를 보유기간으로 한다.

④ 법원의 결정에 의하여 양도 당시 취득에 관한 등기가 불가능한 부동산에 대하여는 장기보유특별공제가 적용된다.

⑤ 배우자 또는 직계존비속 간 증여재산 이월과세가 적용되는 경우에는 증여한 배우자 또는 직계존비속이 해당 자산을 취득한 날부터 기산한다.

75 다음 중 양도소득기본공제에 대한 설명으로 틀린 것은?

① 당해 연도에 여러 차례 자산을 양도하는 경우에는 먼저 양도하는 자산의 양도소득금액에서 순차로 공제한다.

② 등기된 사업용 토지로 보유기간이 3년 미만인 경우에는 양도소득기본공제를 받을 수 없다.

③ 조세특례제한법상 기타 법률의 규정에 의한 감면소득금액이 있는 경우에는 당해 감면소득금액 외의 양도소득금액에서 먼저 공제한다.

④ 양도소득기본공제는 보유기간의 장단 여부에 관계없이 양도소득이 있는 거주자(비거주자 포함)에 대하여 일정액을 공제는 인적공제제도이다. 따라서 해당 자산을 2인 이상 공유하는 경우에는 각자 공제 적용을 받을 수 있다.

⑤ 양도소득기본공제는 당해 연도 양도소득금액에서 소득별로 각각 연 250만원을 공제한다. 단, 미등기 양도자산의 양도소득금액에 대하여는 공제를 적용하지 아니한다.

76 다음은 장기보유특별공제와 양도소득기본공제에 대한 설명이다. 가장 잘못된 것은?

① 장기보유특별공제와 양도소득기본공제의 경우 거주자와 비거주자 모두 공제 받을 수 있다.

② 등기된 비사업용 토지의 경우에 장기보유특별공제와 양도소득기본공제 모두 적용한다.

③ 당해 연도에 2회 이상 양도하는 경우에 양도소득기본 공제는 먼저 양도하는 자산부터 순차적으로 공제하나 장기보유특별공제는 요건만 갖추면 금액 및 횟수에 관계없이 공제 가능하다.

④ 1세대 1주택임에도 비과세에서 배제되는 고가주택인 경우에는 장기보유특별공제의 적용은 배제하나 양도소득기본공제는 배제하지 않는다.

⑤ 장기보유특별공제는 국외자산 양도시에는 공제받을 수 없지만 양도소득기본공제는 국내 국외자산에 대하여 모두 공제 받을 수 있다.

77 다음은 양도소득세 양도소득 과세표준 계산에 관한 설명이다. 틀린 것은?

① 필요경비, 장기보유특별공제, 양도소득기본공제는 과세표준을 감소시키는 항목에 해당한다.

② 양도소득금액은 양도차익에서 장기보유특별공제를 차감한 금액으로 한다.

③ 부동산을 미등기 양도하는 경우에는 양도차익과 과세표준이 동일하다.

④ 양도소득 과세표준은 종합소득 및 퇴직소득에 대한 과세표준과 구분하여 계산한다.

⑤ 양도소득기본공제는 양도소득금액 계산 과정시 필요한 항목에 해당한다.

78 소득세법상 배우자 간 증여재산의 이월과세에 관한 설명으로 옳은 것은?

① 이월과세를 적용하는 경우 거주자가 배우자로부터 증여받은 자산에 대하여 납부한 증여세는 필요경비에 산입하지 아니한다.

② 이월과세를 적용하는 경우 증여자와 수증자는 양도소득세에 대하여 연대 납세의무가 있다.

③ 거주자가 양도일로부터 소급하여 10년 이내에 그 배우자(양도 당시 사망으로 혼인관계가 소멸된 경우 포함)로부터 증여받은 토지를 양도할 경우 이월과세를 적용한다.

④ 거주자가 사업인정고시일부터 소급하여 2년 이전에 배우자로부터 증여받은 경우로서 공익사업을 위한 토지 등이 취득 및 보상에 관한 법률에 따라 수용된 경우에는 이월과세를 적용하지 아니한다.

⑤ 이월과세를 적용하여 계산한 양도소득 결정세액이 이월과세를 적용하지 않고 계산한 양도소득 결정세액보다 적은 경우에 이월과세를 적용한다.

79 거주자 甲은 2018. 10. 20. 취득한 토지(취득가액 3억원, 등기함)를 동생인 거주자 乙 (특수관계인임)에게 2021. 8. 1. 증여(시가 6억원, 등기함)하였다. 乙은 해당 토지를 2024. 10. 26. 특수관계가 없는 丙에게 양도(양도가액10억원)하였다. 양도소득은 乙에게 실질적으로 귀속되지 아니하고, 乙의 증여세와 양도소득세를 합한 세액이 甲이 직접 양도하는 경우로 보아 계산한 양도소득세보다 적은 경우에 해당한다. 소득세법상 양도소득세 납세의무에 관한 설명으로 틀린 것은?

① 양도차익 계산시 취득가액은 3억원으로 한다.
② 乙이 납부한 증여세는 양도차익 계산시 필요경비에 산입한다.
③ 양도소득세에 대해서는 甲과 乙이 연대하여 납세의무를 진다.
④ 甲은 양도소득세 납세의무자이다.
⑤ 양도소득세 계산시 보유기간은 甲의 취득일부터 乙의 양도일까지의 기간으로 한다.

80 양도소득세 세율에 대한 설명이다. 옳은 것은?

① 10개월 보유한 1주택 : 100분의 50
② 1년 6개월 보유한 조합원입주권 : 100분의 50
③ 2년 6개월 보유한 분양권 : 6~45%
④ 10개월 보유한 상가건물 : 100분의 50
⑤ 6개월 보유한 골프 회원권 : 100분의 50

81 소득세법상 미등기 양도자산에 대한 설명으로 틀린 것은?

① 미등기 양도자산의 경우 비과세 규정을 적용하지 아니한다.
② 미등기 양도자산의 경우 양도소득기본공제를 적용하지 아니한다.
③ 법률의 규정에 의하여 양도 당시 그 자산의 취득에 관한 등기가 불가능한 자산의 경우 장기보유특별공제를 적용한다.
④ 미등기 양도자산은 양도소득세 산출세액에 100분의 70을 곱한 금액을 양도소득 결정세액에 더한다.
⑤ 미등기 양도의 경우에도 필요경비개산공제를 적용한다.

82 양도소득세 비과세에 대한 설명으로 옳지 않은 것은?

① 지적재조사에 관한 특별법에 따른 경계확정으로 지적공부상 면적이 감소되어 지급받는 조정금에 대해서는 양도소득세를 과세하지 아니한다.

② 법원의 결정에 의하여 양도 당시 취득에 관한 등기가 불가능한 자산은 양도소득세 비과세가 배제되는 미등기 양도자산에 해당한다.

③ 비과세 판단시 거주기간은 주민등록표 등본에 따른 전입일부터 전출일까지의 기간으로 한다.

④ 건축허가를 받지 아니하여 등기가 불가능한 비과세 요건을 충족한 1세대 1주택의 경우 비과세한다.

⑤ 토지를 매매하는 거래당사자가 매매계약서의 거래가액을 실지거래가액과 다르게 적은 경우에는 해당 자산에 대하여 「소득세법」에 따른 양도소득세의 비과세에 관한 규정을 적용할 때 비과세 받을 세액에서 비과세에 관한 규정을 적용하지 않았을 경우의 양도소득 산출세액과 매매계약서의 거래가액과 실지거래가액과의 차액 중 적은 금액을 뺀다.

83 다음은 양도소득세 기간계산에 대한 설명이다. 잘못된 것은?

① 장기보유특별공제 적용시 특수관계인으로부터 증여받은 자산을 10년 이내 양도한 경우로서 부당행위계산으로 인정되는 경우에는 당초 증여자가 당해 자산을 취득한날부터 양도일까지로 한다.

② 부동산을 배우자로부터 증여받고 1년 6개월 후 양도하였다면 양도차익계산 계산시 취득시기는 당초 증여한 배우자의 취득일을 취득시기로 한다.

③ 상속의 경우 세율 적용시 보유기간 계산은 상속개시일을 취득일로 본다.

④ 상속받은 주택으로서 상속인과 피상속인이 상속개시 당시 동일세대인 경우에는 상속개시 전에 상속인과 피상속인이 동일세대로서 거주하고 보유한 기간을 통산한다.

⑤ 취득 당시 조정대상 지역에 있는 주택의 경우 주택의 보유기간이 2년 이상이고 거주기간이 2년 이상이어야 한다.

84 다음은 1세대 1주택에 대한 설명이다. 틀린 것은?

① 국내에 1주택만 보유하고 있는 1세대가 해외이주로 세대전원이 출국하는 경우 출국일로부터 2년 이내 해당 주택을 양도하면 비과세된다.

② 1주택을 여러 사람이 공동 소유한 경우 주택수를 계산할 때 지분이 가장 큰 자가 그 주택을 소유한 것으로 본다.

③ 주택의 부수토지는 수도권 주거지역의 경우 주택정착 면적의 3배까지를 주택의 부수토지로 본다. 이때 무허가 정착면적도 주택정착면적에 포함한다.

④ 부부의 경우 각각 단독세대를 구성하여 각각 1주택을 보유한 경우에도 동일한 세대로 본다.

⑤ 주택의 대지와 건물을 동일한 세대 구성원이 각각 소유하고 있는 경우에는 1세대 1주택으로 본다.

85 다음 중 양도소득세를 과세하지 않는 경우는? (단, 조정대상지역이 아님)

① 공부상 주택인 건물(보유기간 2년)을 점포로 사용하다 양도한 경우

② 비거주자로서 1주택을 2년 이상 보유하고 양도하는 경우

③ 근무상의 형편으로 세대전원이 다른 시로 이전함에 따라 1년간 거주한 1주택을 양도한 경우

④ 5년간 보유한 주택을 2 이상의 주택으로 분할하여 양도하는 경우 먼저 양도하는 주택

⑤ 관광용 숙박시설인 콘도미니엄을 10년간 보유하다가 양도하는 경우

86 소득세법상 거주자가 국내소재 1주택만을 소유하는 경우에 관한 설명으로 틀린 것은?

① 소유하고 있던 공부상 주택인 1세대 1주택을 전부 영업용 건물로 사용하다가 양도한 때에는 양도소득세 비과세 대상인 1세대 1주택으로 보지 아니한다.

② 양도 당시 실지거래가액이 15억원인 법정요건을 충족하는 등기된 1세대 1주택을 양도한 경우 양도차익에 최대 100분의 80의 보유기간별 공제율을 적용받을 수 있다.

③ 임대한 과세기간 종료일 현재 기준시가 15억원인 1주택을 임대하고 지급받은 소득은 사업소득으로 과세된다.

④ 甲과 乙이 고가주택이 아닌 공동소유 1주택(甲지분 40%, 乙지분 60%)을 임대하는 경우 주택임대소득의 비과세 여부를 판정할 때 甲과 乙이 각각 1주택을 소유한 것으로 보아 주택수를 계산한다.

⑤ 법령이 정한 1세대 1주택으로 건축법에 의한 건축허가를 받지 아니하여 등기가 불가능한 주택을 양도한 때에는 이를 미등기 양도자산으로 보지 아니한다.

87 소득세법상 양도소득세 비과세에 대한 설명 중 틀린 것은?

① 장기할부조건으로 취득한 자산으로서 그 계약조건에 의하여 양도당시 그 자산의 취득에 관한 등기가 불가능한 자산은 양도소득세 비과세가 배제되는 미등기 양도 자산에 해당한다.

② 하나의 건물이 주택과 주택 외의 부분으로 복합되어 있는 경우로서 주택 외의 부분이 주택 부분보다 큰 경우에는 그 주택 부분만 주택으로 본다(단, 고가주택이 아님).

③ 2개 이상의 주택을 같은 날에 양도하는 경우에는 당해 거주자가 선택하는 순서에 따라 주택을 양도한 것으로 본다.

④ 거주자가 조정대상지역의 공고가 있은 날 이전에 매매계약을 체결하고 계약금을 지급한 사실이 증빙서류에 의하여 확인되는 경우에는 거주기간의 제한을 받지 아니한다.

⑤ 거주 혹은 보유 중에 소실 등으로 인하여 멸실되어 재건축한 주택은 그 멸실된 주택과 재건축한 주택에 대한 기간을 통산하여 거주 또는 보유기간을 계산한다.

88 다음 중 양도소득세 비과세가 되는 경우로서 옳은 것은?

① 甲이 고등학생 자녀의 취학 관계로 6개월 동안 거주하던 주택을 양도하고 서울로 이사한 경우

② 乙이 실지거래가액이 7억원인 아파트를 6개월 거주하던 중 질병요양 등의 원인으로 양도하고 대전으로 이사한 경우

③ 1년 보유하던 주택이 공공사업으로 수용된 경우

④ 대전광역시에 소재하는 주택을 1년 2개월 동안 보유하고 6개월 동안 거주하던 중 양도한 경우로서 근무상 형편으로 다른 시로 이사한 경우

⑤ 1년 6개월을 보유하고 1년 거주한 주택을 근무상 형편으로 양도하고 동일한 시군으로 주거를 이전한 경우

89 다음은 양도소득세 비과세에 대한 다음의 설명 중 틀린 것은?

① 국내에 1주택을 소유한 1세대가 종전주택을 취득한 날로부터 1년이 지난 후 다른 주택을 취득함으로써 일시적인 2주택이 된 경우에는 다른 주택을 취득한 날로부터 3년 이내에 종전의 주택을 양도하는 경우에는 이를 1세대 1주택으로 보아 비과세 규정을 적용한다.

② 경작상 필요에 의해 농지를 교환한 경우 교환하는 토지의 차액이 큰 토지가격의 1/4 이하이어야 하며 교환으로 취득한 농지를 3년 이상 농지소재지에서 거주하면서 경작하여야 한다.

③ 영농의 목적으로 취득한 귀농 주택으로서 수도권 밖의 지역 중 면 지역에 소재하는 주택과 일반주택을 국내에 각각 1개씩 소유하고 있는 1세대가 귀농 주택을 취득한 날부터 5년 이내에 일반주택을 양도하는 경우에는 국내에 1개의 주택을 소유하고 있는 것으로 보아 비과세 규정을 적용한다.

④ 근무상 형편 등으로 취득한 수도권 밖에 소재하는 주택과 일반주택을 국내에 각각 1개씩 소유하고 있는 1세대가 부득이한 사유가 해소된 날부터 3년 이내에 일반주택을 양도하는 경우에는 국내에 1개의 주택을 소유하고 있는 것으로 보아 비과세 규정을 적용한다.

⑤ 1주택을 보유하는 자가 1주택을 보유하는 자와 혼인함으로써 1세대 2주택을 보유하게 되는 경우 혼인한 날로부터 10년 이내 먼저 양도하는 주택은 1세대 1주택으로 보아 비과세 규정을 적용한다.

90 1세대 1주택 비과세에 대한 설명 중 틀린 것은?

① 국내에 주택 1채와 국외에 1채의 주택을 소유하고 있는 거주자 甲이 국내 주택을 먼저 양도하는 경우 2년 이상(거주기간 2년 이상) 보유한 경우 비과세한다.

② 1세대 1주택인 고가주택을 2년 이상 보유·거주한 후 양도한 경우 양도가액 중 12억원을 초과하는 부분의 양도차익에 대해서는 양도소득세가 과세된다.

③ 배우자가 사망하거나 이혼한 경우에는 배우자가 없는 경우에도 1세대로 본다.

④ 1세대 1주택으로서 1년 이상 보유한 주택을 법령이 정하는 취학 등 기타 부득이한 사유로 양도하는 경우에는 보유기간의 제한을 받지 아니한다.

⑤ 1세대를 판단할 때 법률상 이혼을 하였으나 생계를 같이 하는 등 사실상 이혼한 것으로 보기 어려운 경우 동일 세대로 본다.

91 다음은 양도소득세의 신고와 납부에 대한 설명이다. 틀린 것은?

① 양도소득세의 과세기간은 매년 1월 1일부터 12월 31일까지이며 당해 연도의 양도소득금액이 있는 거주자는 확정신고의 경우 당해 연도의 다음 연도 5월 1일부터 5월 31일까지 양도소득 과세표준 확정신고를 하여야 한다.

② 해당 과세기간의 과세표준이 없거나 결손금액이 있는 경우에도 확정신고를 하여야 한다.

③ 양도를 하였는데도 양도차익이 없거나 양도차손이 발생한 경우에도 양도소득세 예정신고를 하여야 한다.

④ 부동산을 양도한 후 양도일이 속한 달의 말일부터 2개월 이내에 예정신고를 하지 아니한 경우에는 무신고가산세가 부과되며 이 경우 확정신고와 관련한 가산세가 다시 부과되지 않는다.

⑤ 「부동산 거래 신고 등에 관한 법률」에 따른 토지거래계약에 관한 허가구역에 있는 토지를 양도할 때 허가를 받은 후 대금을 청산한 경우에는 허가일이 속하는 달의 말일부터 2개월 이내 예정신고를 하여야 한다.

92 다음 중 양도소득세에 대한 설명으로 옳은 것은?

① 거주자가 국내 상가 건물을 양도한 경우 거주자의 주소지와 상가 건물의 소재지가 다르다면 양도소득세의 납세지는 양도자의 주소지이다.

② 예정신고납부를 하는 경우 예정신고 산출세액에서 감면세액을 빼고 수시부과 세액이 있을 때에는 이를 공제하지 아니한 세액을 납부한다.

③ 거주자가 국외 토지를 양도한 경우 양도일까지 계속해서 3년간 국내에 주소를 둔 경우에는 양도소득 과세표준 예정신고를 하여야 한다.

④ 양도소득세 납부세액이 1,000만원을 초과하는 경우 국내 소재 부동산으로 물납이 가능하다.

⑤ 「건축법 시행령」 별표 제1호 다목에 해당하는 다가구주택은 해당 다가구주택을 구획된 부분별로 양도하지 아니하고 하나의 매매단위로 양도하는 경우에는 구획된 구분별로 각각을 하나의 주택으로 본다.

93 다음은 양도소득세에 대한 설명이다. 옳은 것은?

① 국내 거주자가 토지와 주식을 동일 연도에 양도하는 경우 각각 발생한 결손금은 양도소득금액 계산시 이를 통산한다.

② 부동산을 취득할 수 있는 권리의 양도시 기준시가는 양도일까지 불입한 금액을 말하며 양도일 현재 프리미엄에 상당하는 금액은 포함하지 아니한다.

③ 예정신고납부를 할 때 납부할 세액은 양도차익에서 장기보유특별공제와 양도소득 기본공제를 한 금액에 해당 양도소득세 세율을 적용하여 계산한 금액을 그 산출세액으로 한다.

④ 양도소득세 납부세액이 1,600만원인 경우 최대 800만원을 분할납부할 수 있다.

⑤ 양도소득세 분납은 예정신고의 경우에만 적용하고 확정신고의 경우에는 적용하지 아니한다.

94 다음은 양도소득세에 대한 설명이다. 틀린 것은?

① 예정신고기한 내 신고를 하지 않은 경우 확정신고 기한까지 신고를 한 경우에는 무신고가산세의 100분의 50을 경감한다.

② 1주택을 2 이상의 주택으로 분할하여 양도한 경우에는 먼저 양도하는 부분의 주택은 1세대 1주택으로 본다.

③ 예정신고를 한 자는 확정신고를 하지 아니할 수 있다. 다만, 해당 과세기간에 누진세율 적용 대상 자산에 대한 예정신고를 2회 이상 하는 경우로서 이미 신고한 양도소득금액과 합산하여 신고하지 아니한 경우에는 확정신고를 하여야 한다.

④ 거주자가 건물을 신축 또는 증축(증축의 경우 바닥면적 합계 85m²를 초과하는 경우에 한정)하고 신축 또는 증축한 건물의 취득일 또는 증축일로부터 5년 이내 해당 건물을 양도하는 경우로서 감정가액 또는 환산취득가액을 그 취득가액으로 하는 경우에는 해당 건물 감정가액 또는 환산취득가액의 100분의 5에 해당하는 금액을 양도소득 결정세액에 더한다.

⑤ 양도소득세는 납부하여야 할 세액에 대하여는 부가세가 과세되지 아니하고 독립세인 지방소득세 10%가 별도로 과세된다.

95 거주자인 개인 甲이 乙로부터 부동산을 취득하여 보유하고 있다가 丙에게 양도하였다. 甲의 부동산 관련 조세의 납세의무에 관한 설명으로 틀린 것은? (단, 주어진 조건 외에는 고려하지 않음)

① 甲이 乙로부터 증여 받은 것이라면 취득일이 속한 달의 말일부터 3개월 이내 취득세를 신고하여야 한다.

② 甲이 乙로부터 부동산을 취득 후 재산세 과세기준일까지 등기하지 않았다면 재산세와 관련하여 乙은 부동산소재지 관할 지방자치단체의 장에게 과세기준일로부터 15일 이내 소유권 변동 사실을 신고하여야 한다.

③ 양도소득세의 예정신고만으로 甲의 양도소득세 납세의무가 확정되지 아니한다.

④ 甲이 乙로부터 부동산을 40만원에 취득한 경우 등록면허세 납세의무가 있다.

⑤ 甲이 종합부동산세를 신고·납부 방식으로 납부하고자 하는 경우 과세표준과 세액을 해당 연도 12월 1일부터 12월 15일까지 관할 세무서장에게 신고하는 때 납세의무가 확정된다.

96 다음은 현행 우리나라 소득세법에 관한 설명이다. 틀린 것은?

① 소득세법상의 거주자는 국내외에서 발생된 소득에 대하여 납세의무를 진다. 다만, 비거주자는 국내소득에 대하여만 소득세의 납세의무를 진다.

② 양도소득에 대한 과세표준은 종합소득 및 퇴직소득에 대한 과세표준과 구분하여 계산한다.

③ 주거용 건물 임대업에서 발생한 결손금은 종합소득 과세표준을 계산할 때 공제한다.

④ 국내에 주소지가 없는 거주자의 경우 소득세 납세지는 국내 원천소득이 발생한 장소이다.

⑤ 국외자산 양도시 납세의무자는 국외자산 양도일까지 계속해서 5년 이상 주소 또는 거소를 둔 자이다.

97 국외자산 양도에 대한 설명으로 틀린 것은?

① 국외자산 양도로 발생하는 소득이 환율변동으로 인하여 외화차입금으로부터 발생하는 환차익을 포함하고 있는 경우에는 해당 환차익을 양도소득 범위에서 제외한다.

② 양도차익 계산시 필요경비의 외화환산은 지출일 현재 외국환거래법에 의한 기준환율 또는 재정환율에 의한다.

③ 국외주택 양도소득에 대하여 납부하였거나 납부할 국외주택 양도소득세액은 해당 과세기간의 국외주택 양도소득금액 계산상 필요경비에 산입할 수 있다.

④ 국외자산 양도가액은 실지거래가액이 있더라도 양도당시 현황을 반영한 시가에 의하는 것이 원칙이다.

⑤ 국외자산 양도시 장기보유특별공제는 적용하지 않지만 양도소득기본공제는 적용한다.

98 다음 중 거주자 甲이 국외자산을 양도한 경우에 대한 설명 중 틀린 것은?

① 甲이 양도일까지 계속 5년 이상 국내에 주소 또는 거소를 둔 경우에만 양도소득에 대한 납세의무가 있다.

② 국외자산 양도시 미등기 중과세를 적용하지 아니한다.

③ 甲의 국외주택에 대한 양도차익은 양도가액에서 취득가액과 필요경비개산공제를 차감하여 계산한다.

④ 甲의 부동산 양도에 대한 납세지는 甲의 주소지를 원칙으로 한다.

⑤ 국외소재 토지 또는 건물은 공부상 등기·등록 여부와 관계없이 모두 양도소득세 과세대상이 된다.

99 소득세법상 주택임대소득에 대한 설명으로 옳지 않은 것은?

① 주택을 1채만 소유한 거주자가 과세기간 종료일 현재 기준시가 15억원인 주택을 전세금을 받고 임대한 경우에는 과세하지 아니한다.

② 공익사업과 관련하여 지역권·지상권을 대여함으로 발생하는 소득은 사업소득에서 제외한다.

③ 국내 소재 3주택 이상[법령이 정하는 소형주택(기준시가 3억원 이하이고, 전용면적 60m² 이하)은 제외]을 소유한 자가 받는 주택 임대보증금의 합계액이 3억원을 초과하는 경우 보증금에 대하여 법령에서 정한 산식으로 계산한 금액을 총수입금액에 산입한다.

④ 해당 과세기간에 법령에 정하는 총수입금액의 합계액이 2천만원 이하인 경우에는 분리과세와 종합과세 중 선택하여 적용할 수 있다.

⑤ 국외주택의 경우 주택수와 관계없이 부동산 임대소득 비과세를 적용하지 아니한다.

100 「소득세법」상 거주자의 주택임대소득의 비과세 및 총수입금액에 관한 설명으로 옳은 것은? (단, 주택은 상시 주거용으로 사업을 위한 주거용이 아님)

① 임대하는 국내 소재 1주택의 비과세 여부 판단시 가액은 「소득세법」상 실지거래가액 12억원을 기준으로 판단한다.

② 사업자가 부동산을 임대하고 임대료 외에 전기료·수도료 등 공공요금의 명목으로 지급받은 금액이 공공요금의 납부액을 초과할 때 그 초과하는 금액은 사업소득 총수입금액에 포함하지 아니한다.

③ 본인과 배우자가 각각 국내 소재 주택을 소유한 경우, 이를 합산하지 아니하고 각 거주자별 소유 주택을 기준으로 주택임대소득 비과세 대상인 1주택 여부를 판단한다.

④ 국내소재 3주택을 소유한 자가 받은 주택임대보증금의 합계액이 4억원인 경우, 그 보증금에 대하여 법령에서 정한 산식으로 계산한 금액을 총수입금액에 산입한다.

⑤ 주택을 임대하여 얻은 소득은 거주자가 사업자 등록을 한 경우에 한하여 소득세 납세의무가 있다.

정답

1	2	3	4	5	6	7	8	9	10
③	②	④	④	⑤	④	③	④	①	①

11	12	13	14	15	16	17	18	19	20
②	②	③	③	③	④	③	②	③	②

21	22	23	24	25	26	27	28	29	30
⑤	②	②	①	④	③	③	②	④	⑤

31	32	33	34	35	36	37	38	39	40
③	④	③	④	⑤	⑤	④	④	②	⑤

41	42	43	44	45	46	47	48	49	50
①	④	④	②	④	③	④	③	②	⑤

51	52	53	54	55	56	57	58	59	60
①	①	②	⑤	④	⑤	③	③	③	⑤

61	62	63	64	65	66	67	68	69	70
①	④	⑤	②	②	⑤	③	③	④	③

71	72	73	74	75	76	77	78	79	80
③	①	①	②	②	④	⑤	④	②	④

81	82	83	84	85	86	87	88	89	90
④	②	③	②	③	④	①	③	⑤	④

91	92	93	94	95	96	97	98	99	100
⑤	①	③	②	③	④	④	③	③	④

제35회 공인중개사 시험대비 **전면개정판**

2024 박문각 공인중개사
이혁 파이널 패스 100선 2차 부동산세법

초판인쇄 | 2024. 8. 1. **초판발행** | 2024. 8. 5. **편저** | 이혁 편저
발행인 | 박 용 **발행처** | (주)박문각출판 **등록** | 2015년 4월 29일 제2019-000137호
주소 | 06654 서울시 서초구 효령로 283 서경 B/D 4층 **팩스** | (02)584-2927
전화 | 교재 주문 (02)6466-7202, 동영상문의 (02)6466-7201

저자와의
협의하에
인지생략

정가 17,000원
ISBN 979-11-7262-170-4